Zu diesem Buch

Die hier vorliegenden Erzählungen, Essays und Reden aus verschiedenen Schaffensperioden führen den Leser zuverlässig in die Welt von Albert Camus ein. Die Sammlung enthält neben «Licht und Schatten» die Geschichten «Der Abtrünnige», «Der Gast» und «Die Stummen», außerdem die berühmten «Briefe an einen deutschen Freund» aus dem Zweiten Weltkrieg und die beiden Reden anläßlich der Verleihung des Nobelpreises.

1957 hatte Albert Camus den Nobelpreis erhalten. Am 4. Januar 1960 kam er bei einem Autounfall ums Leben. Sein Tod bedeutete das Verstummen einer der literarisch und moralisch gewichtigsten Stimmen Europas. Camus wurde am 7. November 1913 als Sohn einer Spanierin und eines Elsässers in Mondovi/Nordafrika in kärglichen Verhältnissen geboren. Als Werkstudent besuchte er die Universität Algier und schloß seine Studien mit einer Arbeit über Plotin und Augustin ab. In Algier gründete er auch eine einflußreiche Theatergruppe und ließ seine beiden ersten Essay-Bände «L'Envers et l'Endroit» (1937) und «Noces» (1938) erscheinen. Auf Reisen lernte er viele Länder Europas kennen. Während der deutschen Besetzung wirkte er an einer Schule in Oran und schrieb in der illegalen Widerstandspresse, um das Gewissen der Nation zu wecken. Sein zeitkritisches Denken und Handeln führte ihn in die Nähe Sartres und seines Existentialismus. 1942 entstand die Erzählung «L'Etranger» («Der Fremde»; rororo Nr. 432), die bereits Camus' geniale Gabe zeigt, mit einer äußerlich geringfügigen Fabel menschliches In-der-Welt-Sein so zu umgreifen, daß das Einzelschicksal ins Symbolische überhöht wird. 1942 folgte «Le Mythe de Sisyphe» («Der Mythos von Sisyphos»; rowohlts deutsche enzyklopädie Bd. 90), in dem er seiner Vorstellung vom «Menschen, der in einer absurden Welt auf sich selbst zurückgeworfen dennoch durchhalten müsse», philosophischen Ausdruck gab. Ohne in leichtfertigen Optimismus zu verfallen, versucht er das Element totaler Negation im Existentialismus zu überwinden: so wandte er sich mehr und mehr von Sartre ab. Schon sein berühmter Roman «La Peste», 1947 («Die Pest»; rororo Nr. 15), zeigt einen deutlich konstruktiven Pessimismus, dem es um ethische Maßstäbe geht. Sein 1951 veröffentlichter großer Essay «L'Homme révolté» («Der Mensch in der Revolte»; rororo Nr. 1216), eine historische Analyse der Revolutionen, brachte ihn schließlich in schärfste Gegnerschaft zu Jean-Paul Sartre. Die 1956 erschienene Erzählung «La Chute» («Der Fall»; rororo Nr. 1044) und seine letzten Erzählungen «L'Exil et le Royaume», 1957 («Das Exil und das Reich»), zeigen Camus auf eigenem Weg zu einem nachchristlichen Selbstverständnis des Menschen, ein Weg, den er nicht mehr vollenden sollte. Auch in seinen Dramen «Le Malentendu» (1944), «Caligula» (1944), «L'État de siège» (1948), «Les Justes» (1950) und «Les Possédés» (1959, nach Dostojewskij; zusammen in dem Band «Dramen» im Rowohlt Verlag) erfaßte Camus die widerspruchsvolle Absurdität des Daseins und suchte sie zu überwinden. Ferner liegen vor: «Verteidigung der Freiheit» (rororo Nr. 1096), «Tagebücher 1935–1951» (rororo Nr. 1474), «Gesammelte Erzählungen» (Rowohlt 1966), «Fragen der Zeit» (Rowohlt 1970) und «Literarische Essays» (Rowohlt 1973). Im Sommer 1972 erschien im Rowohlt Verlag Camus' nachgelassenes Werk «Der glückliche Tod».

In der Reihe «rowohlts monographien» erschien als Band 50 eine Darstellung des Dichters in Selbstzeugnissen und 70 Bilddokumenten von Morvan Lebesque, die eine ausführliche Bibliographie enthält.

Gesamtauflage der Werke von Albert Camus in den rororo-Taschenbüchern: Über 1,2 Millionen Exemplare.

Albert Camus

KLEINE PROSA

Nobelpreisrede
Der Künstler und seine Zeit
Licht und Schatten
Briefe an einen deutschen Freund
Der Abtrünnige oder
Ein verwirrter Geist
Die Stummen
Der Gast

Rowohlt

Die französischen Originaltitel der vorliegenden Beiträge sind: ‹Discours prononcé à l'occasion de la remise du Prix Nobel›, ‹L'Artiste et son temps›, ‹L'Envers et l'Endroit›, ‹Letters à un ami allemand›, ‹Le Renégat›, ‹Le Muets›, ‹L'Hôte›
Übertragen ins Deutsche von Guido G. Meister
Umschlagentwurf Werner Rebhuhn

1.– 50. Tausend	September 1961
51.– 60. Tausend	November 1962
61.– 70. Tausend	September 1963
71.– 80. Tausend	Oktober 1964
81.– 90. Tausend	Dezember 1965
91.– 98. Tausend	Januar 1967
99.–105. Tausend	Dezember 1967
106.–113. Tausend	September 1968
114.–120. Tausend	Juli 1969
121.–130. Tausend	Mai 1970
131.–137. Tausend	September 1971
138.–147. Tausend	Juli 1972
148.–157. Tausend	August 1973

Veröffentlicht im Rowohlt Taschenbuch Verlag GmbH,
Reinbek bei Hamburg, September 1961
Alle deutschen Rechte beim
Rowohlt Taschenbuch Verlag GmbH, Reinbek bei Hamburg
Gesetzt aus der Linotype-Aldus-Buchschrift
und der Palatino (D. Stempel AG)
Gesamtherstellung Clausen & Bosse, Leck/Schleswig
Printed in Germany
ISBN 3 499 10441 5

Rede anlässlich der Entgegennahme
des Nobelpreises am 10. Dezember 1957
in Stockholm

Die Ehre, die Ihre freie Akademie mir mit ihrem Preis zuteil werden läßt, hat in mir ein um so tieferes Gefühl der Dankbarkeit geweckt, als ich ermesse, wie sehr diese Auszeichnung meine persönlichen Verdienste übersteigt. Jeder Mensch und erst recht jeder Künstler hegt den Wunsch, anerkannt zu werden. So auch ich. Und doch — als ich von Ihrem Entscheid erfuhr, konnte ich nicht umhin, seine Tragweite mit dem zu vergleichen, was ich wirklich bin. Wie hätte ein verhältnismäßig junger Mann, dessen einziger Reichtum in seinen Zweifeln und seinem noch im Werden begriffenen Werk besteht, der gewohnt ist, in der Einsamkeit der Arbeit oder der Zurückgezogenheit der Freundschaft zu leben, wie hätte er nicht mit einer Art Panik den Spruch vernehmen sollen, der ihn, allein und nur auf sich gestellt, mit einem Schlag in den Brennpunkt eines grellen Lichtes rückt? Und wie mußte ihm bei dieser Ehrung zumute sein, zu einer Zeit, da in Europa andere, zu den Größten zählende Schriftsteller zum Schweigen verurteilt sind, und da seine Heimaterde von nicht endenwollendem Unglück betroffen ist?

Diese Ratlosigkeit und dieser innere Zwiespalt haben mich bedrängt. Um den Frieden zurückzugewinnen, mußte ich, kurz gesagt, danach trachten, mit einem allzu großzügigen Los ins reine zu kommen. Und da ich mich seiner nicht ebenbürtig erweisen konnte, indem ich mich allein auf meine Verdienste stützte, war ich darauf angewiesen, einzig bei dem Hilfe zu suchen, was mir mein ganzes Leben lang und in allen Widrigkeiten Kraft geschenkt hat: der Vorstellung nämlich, die ich mir von meiner Kunst und von der Aufgabe des Schriftstellers mache. Erlauben Sie mir, Ihnen in Dankbarkeit und Freundschaft, so schlicht ich es vermag, zu sagen, welcher Art diese Vorstellung ist.

Ich für mein Teil kann ohne meine Kunst nicht leben. Aber ich habe diese Kunst nie höher gestellt als alles übrige. Ich bedarf ihrer vielmehr notwendig, weil sie sich von niemand absondert und mir erlaubt, so wie ich bin, auf der allen Menschen gemeinsamen Ebene zu leben. Die Kunst ist in meinen Augen kein einsiedlerisches Vergnügen. Sie ist ein Mittel, die größtmögliche Zahl von Menschen anzurühren, indem sie ihnen ein beispielhaftes Bild der gemeinsamen Leiden und Freuden vorhält. Sie verlangt also vom Künstler, sich nicht abzukapseln; sie unterwirft ihn der bescheidensten und zugleich allumfassendsten Wahrheit. Und wer, wie es hie und da vorkommt, sein Künstlerschicksal gewählt hat, weil er sich anders fühlte, merkt bald, daß er seiner Kunst und seiner Andersartigkeit nur Nahrung bieten kann, indem er seine Ähnlichkeit bekennt. In diesem ständigen Hin und Her zwischen sich und den anderen, auf halbem Wege zwischen der Schönheit, der er nicht entraten kann, und der Gemeinschaft, der er sich nicht zu entziehen vermag, bildet sich der Künstler. Darum betrachten die wahren Künstler nichts mit Verachtung; sie fühlen sich verpflichtet, zu verstehen, nicht zu richten. Und wenn sie in der Welt Stellung zu beziehen haben, so können sie sich nur für eine Gesellschaft entscheiden, in der nach Nietzsches großem Wort nicht mehr der Richter herrschen wird, sondern der Schaffende, sei er nun Arbeiter oder Intellektueller.

Gleichzeitig läßt die Aufgabe des Schriftstellers sich nicht von schwierigen Pflichten trennen. Seiner Bestimmung gemäß kann er sich heute nicht in den Dienst derer stellen, die Geschichte machen: er steht im Dienste derer, die sie erleiden. Andernfalls sieht er sich allein und seiner Kunst beraubt. Alle Armeen der Tyrannei mit ihren Millionen von Menschen werden ihn der Einsamkeit nicht entreißen, sogar und vor allem, wenn er einwilligt, sich ihrem Schritt anzupassen. Aber das Schweigen eines unbekannten, am anderen Ende der Welt der Demütigung preisgegebenen Gefangenen genügt, um den Schriftsteller aus dem Exil zu erlösen, jedesmal zumindest, da es ihm gelingt, über den ihm gewährten Vorrechten der Freiheit dieses Schweigen nicht zu vergessen und es aufzunehmen, um ihm durch die Mittel der Kunst Widerhall zu verleihen.

Keiner von uns ist groß genug für eine solche Sendung. Aber in allen Lagen seines Lebens kann der Schriftsteller, mag er nun unbekannt oder vorübergehend berühmt, von der Tyrannei in Ketten geschlagen oder vorläufig des freien Ausdrucks teilhaftig sein, das Gefühl einer lebendigen Gemeinschaft wiederfinden, die ihn rechtfertigen wird unter der einen Bedingung, daß er, so gut er es vermag, den doppelten Auftrag auf sich nimmt, der die Größe seines Berufs ausmacht: den Dienst an der Wahrheit und den Dienst an der Freiheit. Da seine Berufung von ihm fordert, die größtmögliche Zahl von Menschen zu verbinden, kann sie sich nicht in Lüge und Knechtschaft schicken, die, wo immer sie herrschen, zahllose Menschen der Einsamkeit überantworten. Welches auch unsere persönlichen Unzulänglichkeiten sein mögen, der Adel unseres Berufs wird stets in zwei schwer zu haltenden Verpflichtungen wurzeln: der Weigerung, wider besseres Wissen zu lügen, und dem Widerstand gegen die Unterdrückung.

Wie alle Menschen meines Alters während über zwanzig Jahren in einer dem Wahnsinn verfallenen Epoche hilflos den krampfartigen Erschütterungen der Zeit preisgegeben, habe ich so in dem dunklen Gefühl Kraft gefunden, daß das Schreiben heute eine Ehre darstellt, weil diese Handlung verpflichtet, und zwar zu mehr als zum Schreiben. Insbesondere verpflichtete sie mich dazu, so wie ich war und nach besten Kräften all den Menschen, die die gleichen geschichtlichen Ereignisse erlebten, die uns gemeinsame Drangsal und Hoffnung tragen zu helfen. Diese zu Beginn des Ersten Weltkriegs geborenen Menschen, die eben zwanzig geworden waren, als zur gleichen Zeit das Hitler-Regime und die Tage der ersten Revolutionsprozesse anbrachen, die sich dann zur Vervollständigung ihrer Erziehung dem spanischen Bürgerkrieg, dem Zweiten Weltkrieg, den Konzentrationslagern, dem Torturen und Gefängnissen anheimgefallenen Europa gegenübergestellt sahen, müssen heute ihre Söhne und ihre Werke in einer Welt heranbilden, die von der Zerstörung durch Atomwaffen bedroht ist. Ich denke, daß niemand von ihnen verlangen kann, optimistisch zu sein. Und ich bin sogar der Ansicht, daß wir den Irrtum derer, die in übersteigerter Verzweiflung das Recht auf Unehre forderten und sich allen herrschenden Formen des Nihilismus verschrieben, verstehen müssen, ohne indessen aufzuhören, sie zu bekämpfen. Immerhin haben in meinem eigenen Land wie im übrigen Europa die meisten unter uns diesen Nihilismus von sich gewiesen und sich auf die Suche nach einer Legitimität gemacht. Sie waren gezwungen, sich eine Lebenskunst für Katastrophenzeiten zu schmieden, um ein zweites Mal geboren zu werden und dann mit offenem Visier gegen das instinktive Todesverlangen anzukämpfen, das in unserer Geschichte am Werk ist.

Jede Generation sieht zweifellos ihre Aufgabe darin, die Welt neu zu erbauen. Meine Generation jedoch weiß, daß sie sie nicht neu erbauen wird. Aber vielleicht fällt ihr eine noch größere Aufgabe zu. Sie besteht darin, den Zerfall der Welt zu verhindern. Als Erbin einer morschen Geschichte, in der verkommene Revolutionen, tollgewordene Technik, tote Götter und ausgelaugte Ideologien sich vermengen, in der Mächte ohne Größe heute wohl alles zu zerstören, aber niemand mehr zu überzeugen vermögen, in der die Intelligenz sich so weit erniedrigt, dem Haß und der Unterdrückung zu dienen, sah diese Generation sich vor die Aufgabe gestellt, einzig von ihrer Ablehnung ausgehend, in sich und um sich ein weniges von dem, was die Würde des Lebens und des

Sterbens ausmacht, wiederherzustellen. Angesichts einer von Auflösung bedrohten Welt, in der unsere Großinquisitoren Gefahr laufen, auf immer das Reich des Todes aufzurichten, ist sie sich bewußt, daß sie in einer Art gehetztem Wettlauf mit der Zeit einen nicht in Knechtschaft gründenden Frieden unter den Völkern wiederherstellen, Arbeit und Kultur wieder versöhnen und im Verein mit allen Menschen einen neuen Bund schaffen sollte. Es ist nicht sicher, ob sie diese gewaltige Aufgabe jemals wird erfüllen können; sicher ist jedoch, daß sie überall in der Welt bereits den zwiefachen Einsatz auf Wahrheit und Freiheit gewagt hat und gegebenenfalls ohne Haß dafür zu sterben weiß. Dieser Generation, wo immer sie sich befindet, und vor allem dort, wo sie sich zum Opfer bringt, gebührt Gruß und Zuspruch. Auf sie möchte ich jedenfalls, Ihres tiefinneren Einverständnisses gewiß, die Ehre übertragen, die Sie mir heute zuteil werden lassen.

Indem ich den Adel des Schriftstellerberufs verdeutlichte, hätte ich somit gleichzeitig den Schriftsteller wieder an den ihm wahrhaft zukommenden Platz gestellt, einzig mit den Ehrentiteln versehen, die er mit seinen Kampfgefährten teilt, verwundbar, doch unnachgiebig, ungerecht, doch leidenschaftlich nach Gerechtigkeit verlangend, sein Werk ohne Scham noch Hoffart vor aller Augen aufbauend, unablässig hin und her gerissen zwischen Schmerz und Schönheit, und endlich dazu bestimmt, aus seinem doppelten Wesen die Schöpfungen hervorzubringen, die er in der zerstörerischen Bewegung der Geschichte beharrlich aufzurichten sucht. Wer könnte nach alledem fixfertige Lösungen und erbauliche Morallehren von ihm erwarten? Die Wahrheit ist geheimnisvoll, ungreifbar, und muß stets neu erobert werden. Die Freiheit ist gefährlich, ihr zu leben ist ebenso hart wie berauschend. Diesen beiden Zielen müssen wir entgegengehen, mühselig, doch entschlossen, unseres zeitweiligen Schwachwerdens auf einem so weiten Wege von vornherein gewiß. Welcher Schriftsteller könnte es da wagen, sich mit gutem Gewissen zum Tugendprediger aufzuwerfen? Was aber mich selber betrifft, so muß ich erneut festhalten, daß ich das alles nicht bin. Ich habe nie vermocht, auf das Licht zu verzichten, das Glück des Seins, das freie Leben, in dem ich aufgewachsen bin. Aber obwohl manche unter meinen Irrtümern und Fehlern sich aus diesem Sehnen erklären, hat es mir doch unzweifelhaft geholfen, meinen Beruf besser zu erfassen, und hilft mir noch heute, blindlings bei all den schweigenden, über die Welt verstreuten Menschen zu stehen, die das ihnen bereitete Leben nur in der Erinnerung oder der Wiederkehr flüchtiger, freier Augenblicke des Glücks ertragen.

So auf das beschränkt, was ich wirklich bin, auf meine Grenzen, meine Schulden wie auch meinen schwierigen Glauben, fühle ich mich schließlich freier, um Ihnen die Tragweite und die Großzügigkeit der Auszeichnung vor Augen zu führen, die Sie mir gewähren, freier auch, um Ihnen zu sagen, daß ich sie als Ehrung all der Menschen annehmen möchte, die in demselben Kampf stehen und deswegen doch keinerlei Lohn empfangen, sondern vielmehr Unglück und Verfolgung erfahren. Dann bleibt mir nur, Ihnen aus tiefstem Herzen zu danken und Ihnen zum Zeichen meiner Dankbarkeit in aller Öffentlichkeit das alte, sich stets gleichbleibende Versprechen der Treue abzugeben, das jeder wahre Künstler sich jeden Tag in der Stille selbst abgibt.

DER KÜNSTLER UND SEINE ZEIT

*Am 14. Dezember 1957
in der Aula der Universität Uppsala gehaltener Vortrag.*

Ein orientalischer Weiser pflegte um die Gnade zu beten, die Gottheit möge ihm ersparen, in einer interessanten Zeit zu leben. Da wir keine Weisen sind, hat die Gottheit uns dies nicht erspart, und wir leben in einer interessanten Zeit. Jedenfalls erlaubt sie nicht, daß wir ihr unser Interesse versagen. Die Schriftsteller von heute wissen ein Lied davon zu singen. Wenn sie sprechen, werden sie kritisiert und angegriffen. Wenn sie bescheiden werden und schweigen, wird man nur noch von ihrem Schweigen sprechen und es ihnen geräuschvoll zum Vorwurf machen.

Inmitten dieses Tumults kann der Schriftsteller nicht mehr hoffen, sich abseits zu halten, um den Überlegungen und Bildern nachzuhängen, die ihm teuer sind. Bis jetzt war in der Geschichte ein Sichfernhalten immer mehr oder weniger möglich. Wer nicht billigte, konnte oft schweigen oder von etwas anderem sprechen. Heute ist das alles anders, und selbst Schweigen bekommt einen gefährlichen Sinn. Vom Augenblick an, da die Stimmenthaltung selber als eine Entscheidung angesehen und als solche bestraft oder gelobt wird, sieht sich der Künstler auf die Galeere verfrachtet, ob er es will oder nicht. Verfrachtet scheint mir hier richtiger als engagiert. Denn es handelt sich für den Künstler nicht um eine freiwillige Verpflichtung, sondern viel eher um einen Dienstzwang. Jeder Künstler ist heutzutage auf die Galeere seiner Zeit verfrachtet. Er muß sich damit abfinden, selbst wenn er der Ansicht ist, diese Galeere rieche nach Hering, die Aufseher seien zu zahlreich und außerdem werde ein schlechter Kurs gesteuert. Wir befinden uns auf hoher See. Der Künstler muß sich wie die anderen ans Ruder setzen, wenn möglich ohne über Bord zu gehen, das heißt er muß fortfahren, zu leben und zu schaffen.

In Tat und Wahrheit ist das nicht leicht, und ich begreife, daß die Künstler ihrer früheren Behaglichkeit nachtrauern. Der Wechsel ist ein bißchen jäh. Gewiß hat es im Zirkus der Geschichte immer Märtyrer und Löwen gegeben. Die ersten nährten sich von den Tröstungen der Ewigkeit, die letzteren von schön blutigem historischem Fleisch. Aber der Künstler saß bisher auf der Zuschauerbank. Er sang zum Vergnügen, für sich selber oder im besten Fall, um den Märtyrer zu ermutigen und den Löwen ein wenig von seinem Heißhunger abzulenken. Jetzt dagegen befindet der

Künstler sich in der Arena. Und selbstverständlich tönt seine Stimme verändert — sie ist bedeutend unsicherer geworden.

Es ist leicht, zu sehen, was die Kunst infolge dieser ständigen Verpflichtung alles verlieren kann. Zunächst die Unbeschwertheit und jene göttliche Freiheit, die Mozarts Musik atmet. Das verstörte, verstockte Aussehen unserer Kunstwerke, ihre sorgenvolle Stirn und ihre plötzliche Pleite werden leichter verständlich. Daraus erklärt sich auch, daß wir mehr Journalisten als Schriftsteller haben, mehr Pfadfinder der Malerei als Cézanne, und daß schließlich die rosaroten oder schwarzen Romane an die Stelle von ‹Krieg und Frieden› oder die ‹Kartause von Parma› getreten sind. Natürlich kann man diesen Zuständen immer noch mit humanistischem Wehgeschrei begegnen, werden, was Stepan Trofimowitsch in den ‹Dämonen› um jeden Preis sein will: ein wandelnder Vorwurf. Man kann auch wie er Anfälle staatsbürgerlicher Trauer haben. Aber diese Trauer ändert nichts an der Wirklichkeit. Meiner Meinung nach ist es besser, der Zeit ihren Tribut zu zollen, wenn sie doch so laut danach schreit, und ruhig anzuerkennen, daß die Epoche der verehrten Meister, der kameliengeschmückten Künstler und der sesselthronenden Genies vorbei ist. Heute schaffen heißt gefährlich schaffen. Jede Veröffentlichung ist eine Tat, und diese Tat setzt uns den Leidenschaften eines Jahrhunderts aus, das keine Vergebung kennt. Es geht also nicht darum, ob das der Kunst abträglich ist oder nicht. Für alle die Menschen, die ohne die Kunst und das, was sie bedeutet, nicht leben können, geht es nur um die Frage, wie inmitten der Schergen so vieler Ideologien (wie viele Kirchen, welche Einsamkeit!) die seltsame Freiheit der Schöpfung erhalten bleiben kann.

Es genügt nicht, in diesem Zusammenhang zu sagen, die Kunst werde von den Staatsgewalten bedroht. In dem Fall wäre das Problem nämlich einfach: der Künstler schlägt sich oder streckt die Waffen. Das Problem ist vielschichtiger und auch tödlicher, sobald man gewahr wird, daß der Kampf im Inneren des Künstlers selber stattfindet. Der Kunsthaß, von dem unsere Gesellschaft so schöne Beispiele aufweist, ist heute nur so wirksam, weil er von den Künstlern selber genährt wird. Die Zweifel der Künstler früherer Zeiten betrafen ihr eigenes Talent. Die Zweifel der Künstler von heute betreffen die Notwendigkeit ihrer Kunst, also ihre Existenz an sich. 1957 würde Racine sich entschuldigen, ‹Bérénice› zu schreiben, anstatt für das Edikt von Nantes zu kämpfen.

Dieses Infragestellen der Kunst durch den Künstler selber hat viele Gründe, unter denen nur die edelsten Erwähnung verdienen. Im besten Fall erklärt es sich dadurch, daß der zeitgenössische

Künstler den Eindruck haben kann, zu lügen oder ins Blaue hinein zu sprechen, wenn er die Nöte der Geschichte nicht berücksichtigt. Was unsere Zeit in der Tat kennzeichnet, ist der Einbruch der Massen und ihrer erbärmlichen Lebensbedingungen in das Bewußtsein der Zeitgenossen. Man weiß jetzt, daß sie existieren, während man geneigt war, es zu vergessen. Und wenn man es weiß, so nicht etwa, weil die künstlerischen und sonstigen Eliten empfindsamer geworden wären, keine Bange, sondern weil die Massen stärker geworden sind und dafür sorgen, daß man sie nicht vergißt.

Die Abdankung des Künstlers hat noch andere Gründe, darunter weniger edle. Aber welcher Art sie auch sein mögen, sie tragen zum gleichen Ergebnis bei: das freie Schaffen wird entmutigt, indem es in seinem Kern angegriffen wird, nämlich im Glauben des Schöpfers an sich selber. «Der Gehorsam eines Menschen seinem eigenen Genie gegenüber», hat Emerson großartig gesagt, «das ist Glaube schlechthin.» Und ein anderer amerikanischer Schriftsteller des 19. Jahrhunderts fügte hinzu: «Solange ein Mensch sich selber treu bleibt, steht er im Einklang mit seiner Umwelt, der Regierung, der Gesellschaft, ja selbst der Sonne, dem Mond und den Sternen.» Dieser erstaunliche Optimismus scheint heute ausgestorben. In den meisten Fällen schämt sich der Künstler seiner Selbst und seiner Vorrechte, wenn er welche hat. Vor allen Dingen muß er eine Antwort finden auf die Frage, die er sich selber stellt: Ist die Kunst ein verlogener Luxus?

1

DIE ERSTE EHRLICHE ANTWORT, die man erteilen kann, lautet: es kommt in der Tat vor, daß die Kunst ein verlogener Luxus ist. In der Deckkajüte der Galeeren kann man bekanntlich immer und überall die Gestirne besingen, während im Schiffsrumpf die Sträflinge rudern und keuchen; man kann immer das artige Geplauder aufzeichnen, das auf den Zuschauerbänken des Zirkus dahinplätschert, während die Knochen des Opfers unter den Zähnen des Löwen krachen. Und es ist ziemlich schwierig, dieser Kunst, die in der Vergangenheit große Werke hervorgebracht hat, etwas vorzuwerfen. Außer daß die Verhältnisse sich ein wenig gewandelt haben und daß insbesondere die Zahl der Sträflinge und der Märtyrer auf der Welt beträchtlich zugenommen hat. Angesichts von so viel Elend muß diese Kunst, wenn sie weiterhin ein Luxus sein will, sich heute bereitfinden, eine Lüge zu sein.

Wovon sollte sie in der Tat sprechen? Wenn sie sich den Forderungen des größten Teils unserer Gesellschaft anpaßt, wird sie zum belanglosen Zeitvertreib. Wenn sie diese Gesellschaft blind ablehnt, wenn der Künstler beschließt, sich in seinem Traum abzukapseln, wird sie nichts anderes ausdrücken als eine Ablehnung. So kommt es zu den Werken von Spaßmachern oder Formtüftlern, was in beiden Fällen zu einer von der lebendigen Wirklichkeit abgeschnittenen Kunst führt. Seit ungefähr hundert Jahren leben wir in einer Gesellschaft, die nicht einmal die Gesellschaft des Geldes genannt werden kann (Geld oder Gold können sinnliche Leidenschaften wecken), sondern als Gesellschaft der abstrakten Symbole des Geldes bezeichnet werden muß. Die Gesellschaft der Händler kann als Gesellschaft definiert werden, in der die Dinge von den Zeichen verdrängt werden. Wenn eine Führerschicht ihr Vermögen nicht mehr nach dem Morgen Land oder der Stange Gold mißt, sondern nach der Zahl von Ziffern, die theoretisch einer bestimmten Zahl von Tauschoperationen entsprechen, ist sie gleichzeitig bemüht, eine gewisse Art von Mystifikation in den Mittelpunkt ihrer Erfahrung und ihrer Welt zu stellen. Eine auf Zeichen gegründete Gesellschaft ist ihrem Wesen nach eine künstliche Gesellschaft, in der die leibliche Wahrheit des Menschen genasführt wird. Es ist darum nicht verwunderlich, daß diese Gesellschaft eine Moral starrer Grundsätze zu ihrer Religion gewählt hat und daß sie die Worte Freiheit und Gleichheit ebensogut über ihren Gefängnissen wie über ihren Finanztempeln anbringt. Indessen kann man die Worte nicht ungestraft prostituieren. Der am meisten verleumdete Wert ist heute ohne Zweifel der Wert der Freiheit. Wohlmeinende Leute (ich war immer der Ansicht, es gebe zwei Arten von Intelligenz, die intelligente und die dumme) behaupten, sie sei nichts als ein Hindernis auf dem Weg des wahren Fortschritts. Aber so feierliche Albernheiten konnten nur vorgebracht werden, weil die Händler-Gesellschaft hundert Jahre lang einen ausschließlichen und einseitigen Gebrauch von der Freiheit gemacht, sie viel eher als ein Recht denn als eine Pflicht angesehen und sich nicht gescheut hat, sooft sie es vermochte, eine grundsätzliche Freiheit in den Dienst einer tatsächlichen Unterdrückung zu stellen. Wie ist es da verwunderlich, wenn diese Gesellschaft von der Kunst verlangt hat, sie solle nicht ein Werkzeug der Befreiung sein, sondern eine Übung ohne große Bedeutung, eine einfache Zerstreuung? So hat eine ganze vornehme Welt, der das Geld Kummer, das Herz jedoch nur Schwierigkeiten bereitete, sich jahrzehntelang mit ihren mondänen Romanschriftstellern und der nichtssagendsten Kunst begnügt, jener Kunst, von der Oscar Wilde vor seiner

Zuchthauserfahrung im Gedanken an sich selbst sagte, ihr größtes Laster sei die Oberflächlichkeit.

Die Kunstfabrikanten (ich habe das Wort Künstler noch nicht gebraucht) des bürgerlichen Europa vor und nach 1900 haben sich auf diese Weise mit der Verantwortungslosigkeit abgefunden, weil die Verantwortung einen kraftraubenden Bruch mit ihrer Gesellschaft erfordert hätte. (Diejenigen, die wirklich brachen, hießen Rimbaud, Nietzsche, Strindberg, und wir wissen, welchen Preis sie bezahlt haben.) Aus jener Zeit stammt die Theorie des l'art pour l'art, die nichts anderes bedeutet als die Forderung nach dieser Verantwortungslosigkeit. Das l'art pour l'art, der Zeitvertreib eines einsamen Künstlers, ist eben gerade die künstliche Kunst einer abstrakten Attrappengesellschaft. Seine logische Weiterentwicklung ist die Salonkunst oder die rein formale Kunst, die sich von Preziosität und Abstraktion nährt und schließlich jede Wirklichkeit zerstört. So bezaubern ein paar Werke ein paar Menschen, während viele grobschlächtige Machwerke viele andere Menschen verderben. Schließlich siedelt sich die Kunst außerhalb der Gesellschaft an und schneidet sich von ihren lebendigen Wurzeln ab. Allmählich steht selbst der sehr gefeierte Künstler allein, oder sein Volk kennt ihn nur durch Presse und Rundfunk, die ein bequemes, vereinfachtes Bild von ihm vermitteln. Je mehr die Kunst sich nämlich spezialisiert, desto nötiger wird es, sie volkstümlich zu machen. So haben Millionen Menschen das Gefühl, diesen oder jenen großen Künstler unserer Zeit zu kennen, weil sie in der Zeitung gelesen haben, daß er Kanarienvögel züchtet oder immer nur für sechs Monate heiratet. Die größte Berühmtheit besteht heute darin, Bewunderung oder Abscheu zu erregen, ohne gelesen worden zu sein. Jeder Künstler, dem daran gelegen ist, in unserer Gesellschaft Berühmtheit zu erlangen, muß wissen, daß nicht er berühmt sein wird, sondern ein anderer unter seinem Namen, einer, der ihm schließlich entgleiten und vielleicht eines Tages den wahren Künstler in ihm umbringen wird.

Wie soll man sich da wundern, wenn beinahe alles, was im Händler-Europa des 19. und 20. Jahrhunderts an Wertvollem, zum Beispiel in der Literatur entstand, gegen die Gesellschaft der Zeit geschaffen wurde! Man kann sagen, daß bis etwa zur Französischen Revolution die vorherrschende Literatur im großen und ganzen eine Literatur der Zustimmung war. Vom Augenblick an, da die aus der Revolution hervorgegangene bürgerliche Gesellschaft gefestigt ist, entwickelt sich jedoch eine Literatur der Auflehnung. In Frankreich zum Beispiel werden die offiziellen Werte nun in Frage gestellt, und zwar von den Vertretern der revolutionären

Werte, von den Romantikern bis Rimbaud, so gut wie von den Verteidigern der aristokratischen Werte, für die Vigny und Balzac ausgezeichnete Beispiele bieten. In beiden Fällen stellen sich Volk und Aristokratie, die beiden Quellen jeder Kultur, gegen die Attrappengesellschaft ihrer Zeit.

Aber diese allzu lange aufrecht erhaltene und verknöcherte Ablehnung ist ihrerseits hohl geworden und führt zu einer anderen Art Unfruchtbarkeit. Das Thema des in eine Händler-Gesellschaft hineingeborenen unseligen Dichters (das schönste Beispiel dafür ist ‹Chatterton›) erstarrt in einem Vorurteil, das schließlich die Behauptung aufstellt, ein Künstler sei nur groß, wenn er sich im Gegensatz zu der Gesellschaft seiner Zeit befinde, welcher Art sie auch sei. Der ursprünglich richtige Grundsatz, wonach ein wahrer Künstler sich mit der Welt des Geldes auf keine Kompromisse einlassen dürfe, wurde falsch, als man den Schluß daraus zog, ein Künstler könne sich nur behaupten, wenn er in Bausch und Bogen alles ablehne. So trachten viele unserer Künstler danach, verfemt zu sein, haben ein schlechtes Gewissen, weil sie es nicht sind, und verlangen, gleichzeitig beklatscht und ausgepfiffen zu werden. Die müde oder gleichgültige Gesellschaft von heute klatscht oder pfeift natürlich nur zufällig. Dann versteift sich der Intellektuelle unserer Zeit immer mehr, um sich größer zu machen. Der zeitgenössische Künstler lehnt so lange alles ab, ja sogar die Tradition seiner Kunst, bis er wähnt, seine eigene Regel schaffen zu können, und sich schließlich für Gott hält. Gleichzeitig glaubt er auch seine Wirklichkeit selber schaffen zu können. Und doch wird er fern von seiner Gesellschaft nur formale oder abstrakte Werke hervorbringen, die als Experimente ansprechen, der Fruchtbarkeit der wahren Kunst jedoch entbehren, besteht doch die Berufung der wahren Kunst darin, Sammelpunkt zu sein. Zum Schluß ist der Unterschied zwischen den Spitzfindigkeiten oder den Abstraktionen der zeitgenössischen Kunst und dem Werk eines Tolstoi oder eines Molière so groß wie der Unterschied zwischen dem auf unsichtbares Korn ausgestellten Wechsel und der fetten Erde der Furche.

2

So kann die Kunst ein verlogener Luxus sein. Es ist deshalb nicht erstaunlich, daß gewisse Menschen oder Künstler umkehren und zur Wahrheit zurückfinden wollten. Von dem Augenblick an verneinten sie, daß der Künstler ein Recht auf Einsamkeit besitze, und schlugen ihm als Thema nicht seine Träume vor, sondern die von allen erlebte und erlittene Wirklichkeit. In der Gewißheit, daß das l'art pour l'art in seinen Themen wie in seinem Stil das Verständnis der Massen übersteige oder aber nichts von ihrer Wahrheit ausdrücke, wollten diese Menschen, daß der Künstler sich vielmehr zum Ziel setze, von der Masse und für die Masse zu sprechen. Wenn er das Leiden und das Glück aller in die Sprache aller übersetzt, wird er von allen verstanden. Als Belohnung für eine unbedingte Treue zur Wirklichkeit wird ihm die unmittelbare Verständigung mit den Menschen geschenkt.

Jedem großen Künstler schwebt in der Tat das Ideal dieser unmittelbaren, allumfassenden Verständigung vor. Wenn jemand kein Recht auf Einsamkeit hat, so ist es, entgegen der landläufigen Auffassung, gerade der Künstler. Die Kunst kann kein Monolog sein. Auch der einsame, unbekannte Künstler bestätigt ganz einfach seine tief innere Berufung, indem er an die Nachwelt appelliert. Da das Gespräch mit den schwerhörigen oder zerstreuten Zeitgenossen in seinen Augen unmöglich ist, verläßt er sich auf ein mit zahlreichen Partnern, mit den kommenden Generationen geführtes Gespräch.

Um jedoch von und zu allen zu sprechen, muß man von dem sprechen, was alle kennen, und von der Wirklichkeit, die uns gemeinsam ist. Meer, Regen, Bedürfnis, Verlangen, Kampf gegen den Tod, das sind die Dinge, die uns alle verbinden. Wir gleichen uns in dem, was wir zusammen sehen, in dem, was wir zusammen leiden. Die Träume ändern sich mit den Menschen, aber die Wirklichkeit der Welt ist unsere gemeinsame Heimat. Das Bestreben des Realismus ist also berechtigt, denn es ist zutiefst im künstlerischen Erleben verankert.

So wollen wir denn Realisten sein. Oder vielmehr versuchen, es zu sein, wenn das überhaupt möglich ist. Denn es ist nicht sicher, ob das Wort einen Sinn hat, es ist nicht sicher, ob der Realismus möglich ist, auch wenn er wünschenswert erscheint. Fragen wir uns zunächst, ob reiner Realismus in der Kunst möglich ist. Wenn man den Versicherungen der Naturalisten des vergangenen Jahrhunderts Glauben schenken darf, besteht er in der getreuen Wiedergabe der Wirklichkeit. Er verhielte sich also zur Kunst wie die Photographie, die reproduziert, zur Malerei, die eine Wahl trifft. Aber was reproduziert er und was ist Wirklichkeit? Selbst das beste Photo ist im Grunde nicht treu genug, nicht wirklichkeitsnahe genug. Was gibt es in unserem Weltall zum Beispiel Wirklicheres als das Leben eines Menschen, und wie kann man hoffen, es getreulicher wiederzugeben als in einem realistischen Film? Aber unter welchen Bedingungen ist ein solcher Film möglich? Nur in der Phantasie. Man müßte sich in der Tat eine ideale Kamera vorstellen, die Tag und Nacht auf diesen Menschen gerichtet wäre und unablässig seine geringsten Bewegungen verzeichnete. Das Ergebnis wäre ein Film, dessen Vorführung ebenfalls ein Menschenleben dauerte und dessen Betrachter sich bereitfinden müßten, ihr Leben hinzugeben, um sich ausschließlich für jede Kleinigkeit im Dasein eines anderen zu interessieren. Selbst unter diesen Umständen wäre dieser unvorstellbare Film nicht realistisch. Aus dem einfachen Grund, weil die Wirklichkeit eines Menschenlebens sich nicht nur dort findet, wo dieser Mensch sich aufhält, sondern in anderen Menschen, die sein Leben prägen, zunächst im Leben geliebter Menschen, die ihrerseits gefilmt werden müßten, aber auch im Dasein mächtiger und erbärmlicher Unbekannter, der Mitbürger, Polizisten, Lehrer, der unsichtbaren Gefährten im Bergwerk und auf Bauplätzen, der Diplomaten und Diktatoren, der religiösen Erneuerer, der Künstler, die unser Betragen entscheidend beeinflussende Mythen schaffen, und schließlich der demütigen Vertreter des allgewaltigen Zufalls, der jede noch so geregelte Existenz beherrscht. Es gibt also nur eine Möglichkeit eines realistischen Films, und der wird in einem unsichtbaren Apparat pausenlos vor unseren Augen auf die Leinwand der Welt projiziert. Der einzige realistische Künstler wäre Gott, wenn er existiert. Die anderen Künstler sind notgedrungen dem Wirklichen untreu.

Infolgedessen befinden sich die Künstler, die die bürgerliche Gesellschaft und ihre formale Kunst ablehnen, die von der Wirklichkeit und einzig und allein von ihr sprechen wollen, in einer schmerzlichen Ausweglosigkeit. Sie müssen Realisten sein und können es nicht. Sie wollen ihre Kunst der Wirklichkeit unterordnen, aber man kann die Wirklichkeit nicht beschreiben, ohne eine Wahl zu treffen, die sie ihrerseits der Originalität einer Kunst unterordnet. Die schönen und tragischen Werke, die in den ersten Jahren der russischen Revolution entstanden sind, spiegeln diesen Zwiespalt deutlich wieder. Was Rußland uns zu jener Zeit mit Bloch und dem großen Pasternak, mit Majakowski und Jessenin, mit Eisenstein und den ersten Romanciers des Zements und des Stahls geschenkt hat, ist eine großartige Versuchswerkstätte für Formen und Themen, eine fruchtbare Unruhe, ein besessenes Suchen. Indessen mußte auch ein Schluß gezogen und gesagt werden, wie man Realist sein konnte, wenn Realismus doch unmöglich war. Hier wie anderswo hat die Diktatur kurzen Prozeß gemacht: ihrer Meinung nach war der Realismus zunächst notwendig und dann möglich, vorausgesetzt, daß er sozialistischen Zielen diente. Was bedeutet dieses Dekret?

In Wahrheit anerkennt es ehrlich, daß man die Wirklichkeit nicht wiedergeben kann, ohne eine Auswahl zu treffen, und es lehnt die Theorie des Realismus, wie sie im 19. Jahrhundert verkündet wurde, ab. Es bleibt ihm nur, ein Prinzip der Auswahl zu finden, auf das der Aufbau der Welt ausgerichtet werden kann. Und es findet dieses Prinzip nicht in der Wirklichkeit, die wir kennen, sondern in jener, die sein wird, das heißt in der Zukunft. Um getreulich wiederzugeben, was ist, muß auch geschildert werden, was sein wird. Mit anderen Worten: das wahrhafte Objekt des sozialistischen Realismus ist eben gerade das, was noch keine Wirklichkeit besitzt.

Ein prächtiger Widerspruch. Aber schließlich war schon der Ausdruck sozialistischer Realismus an sich ein Widerspruch. Denn wie soll ein sozialistischer Realismus möglich sein, solange die Wirklichkeit nicht in ihrer Gesamtheit sozialistisch ist? So ist sie zum Beispiel weder in der Vergangenheit noch in der Gegenwart ganz sozialistisch. Die Antwort ist einfach: man wählt in der Wirklichkeit von heute oder von gestern etwas, das die vollkommene Civitas der Zukunft vorbereitet und fördert. Einerseits bemüht man sich also, das, was in Wirklichkeit nicht sozialistisch ist, abzulehnen und zu verurteilen, und andererseits das zu verherrlichen, was sozialistisch ist oder werden wird. Das führt uns unvermeidlich zur Propagandakunst mit ihren guten und schlechten Seiten, zu einer Rosenwasserliteratur, die genau so gut wie die formale Kunst von der vielschichtigen und lebendigen Wirklichkeit abgeschnitten ist. Und letzten Endes ist diese Kunst genau in dem Maß sozialistisch, als sie nicht realistisch ist.

Dann wird diese Ästhetik, die realistisch sein wollte, zu einem neuen Idealismus, der für einen wahren Künstler ebenso unfruchtbar ist wie der bürgerliche Idealismus. Die Wirklichkeit erhält ihren so betont vorherrschenden Platz nur, um desto besser aus dem Weg geräumt werden zu können. Die Kunst hat keinerlei Bedeutung mehr. Sie dient und wird im Dienen geknechtet. Einzig die Künstler, die sich eben gerade hüten, die Wirklichkeit zu beschreiben, werden Realisten genannt und gefeiert. Die übrigen werden unter dem Beifall der ersteren mundtot gemacht. Die Berühmtheit, die in der bürgerlichen Gesellschaft darin bestand, nicht oder nur oberflächlich gelesen zu werden, besteht in der totalitären Gesellschaft darin, die anderen am Gelesenwerden zu verhindern. Auch hier wieder wird die echte Kunst entstellt oder geknebelt, und die allumfassende Verständigung gerade von den Leuten unmöglich gemacht, die am leidenschaftlichsten danach begehrten.

Angesichts eines solchen Scheiterns wäre es am einfachsten, einzugestehen, daß der sogenannte sozialistische Realismus mit großer Kunst wenig zu tun hat und daß die Revolutionäre im Interesse der Revolution nach einer anderen Ästhetik Ausschau halten sollten. Bekanntlich aber schreien seine Befürworter, es gebe außerhalb des Realismus keine Kunst. Sie schreien es in der Tat. Doch ich bin zutiefst überzeugt, daß sie es nicht glauben und daß sie bei sich beschlossen haben, die künstlerischen Werte müßten den Werten des revolutionären Handelns untergeordnet werden. Wenn das offen gesagt würde, käme eine Diskussion leichter zustande. Man kann diesen gewaltigen Verzicht bei Menschen achten, die zu sehr unter dem Gegensatz zwischen dem Unglück aller und den zuweilen einem Künstlerschicksal anhaftenden Vorrechten leiden, die den unerträglichen Abstand zwischen den vom Elend Geknebelten und den im Gegenteil stets zum Sprechen Berufenen nicht hinnehmen wollen. Dann könnte man diese Menschen verstehen, ein Gespräch mit ihnen anzubahnen versuchen, ihnen zum Beispiel zu sagen unternehmen, daß die Abschaffung der schöpferischen Freiheit vielleicht nicht der richtige Weg ist, um über die Knechtschaft zu siegen, und daß es sinnlos ist, auf die Möglichkeit zu verzichten, wenigstens für ein paar Menschen zu sprechen, um später einmal für alle sprechen zu können. Ja, der sozialistische Realismus sollte sich zu seiner Verwandtschaft bekennen und gestehen, daß er der Zwillingsbruder des politischen Realismus ist. Er opfert die Kunst einem der Kunst fremden Ziel, das ihm jedoch in der Stufenleiter der Werte als überlegen erscheinen mag. Im Grunde schafft er die Kunst vorübergehend ab, um zuerst die Gerechtigkeit zu errichten. Sobald in einer noch unbestimmten Zukunft die Gerechtigkeit verwirklicht ist, soll die Kunst auferstehen. So wird jene goldene Regel der zeitgenössischen Intellektuellen, wonach es Späne gibt, wo gehobelt wird, auf die Kunst angewandt. Aber dieser niederschmetternde gesunde Menschenverstand darf uns nicht täuschen. Es genügt nicht, einen großen Haufen Späne anzusammeln, um ein glattes Werk zu schaffen, und nicht daran ermißt man die Fertigkeit des Tischlers. Die Kunst-Tischler unserer Zeit müssen im Gegenteil befürchten, mehr Späne fliegen zu lassen, als sie eigentlich beabsichtigten, und damit Gefahr zu laufen, daß das Werk nie mehr glatt wird, daß die Kunst nicht mehr aufersteht. Barbarei ist nie provisorisch. Sie kann nicht in Schranken gehalten werden, und es ist nur natürlich, wenn sie von der Kunst auf die Sitten übergreift. Dann entsteht aus dem Unglück und dem Blut der Menschen die seichte Literatur, die gemütvolle Presse, das Photoporträt und das Liebhabertheater, wo der Haß an die Stelle der Religion tritt. Die Kunst gipfelt hier in einem Optimismus auf

Bestellung, was eben gerade den ärgsten Luxus darstellt, und die lachhafteste aller Lügen.

Wie sollte man sich darüber wundern? Das Leid der Menschen ist ein so gewaltiges Thema, daß es scheint, niemand vermöchte daran zu rühren, es sei denn, man wäre so empfindsam wie Keats, der, so wird gesagt, mit seinen Händen selbst den Schmerz hätte anfassen können. Das wird ganz deutlich, wenn eine gelenkte Literatur es sich einfallen läßt, diesem Leid offiziellen Trost zu spenden. Die Lüge des l'art pour l'art gab vor, das Böse nicht zu kennen, und übernahm so die Verantwortung dafür. Die realistische Lüge jedoch, die es zwar mutig auf sich nimmt, das gegenwärtige Unglück der Menschen anzuerkennen, verrät es ebenso gründlich, indem sie es dazu benützt, ein kommendes Glück zu verherrlichen, das niemand kennt und das deshalb zu jedem Betrug berechtigt.

Die beiden lange Zeit gegeneinander ausgespielten Theorien der Ästhetik, jene, die eine völlige Ablehnung der Aktualität empfiehlt, und jene, die alles auszuschalten vorgibt, was nicht aktuell ist, treffen sich indessen fern von der Wirklichkeit in einer gleichen Lüge und in der Abschaffung der Kunst. Der Akademismus der Rechten ignoriert ein Elend, dessen sich der Akademismus der Linken bedient. Aber in beiden Fällen wird dadurch gleichzeitig das Elend vergrößert und die Kunst geleugnet.

3

MÜSSEN WIR DARAUS SCHLIESSEN, daß diese Lüge das Wesen der Kunst ausmacht? Ich möchte im Gegenteil sagen, daß die bisher besprochenen Einstellungen nur in dem Maß Lügen sind, als sie mit Kunst nicht viel zu tun haben. Was ist denn Kunst? Jedenfalls nichts Einfaches. Und inmitten des Geschreis so vieler Leute, die darauf erpicht sind, alles zu vereinfachen, ist es noch schwieriger, ihr Wesen zu erkennen. Einerseits verlangt man, daß das Genie in einsamem Glanz erstrahle, und andererseits fordert man es auf, sich nicht von der Allgemeinheit zu unterscheiden. Die Wirklichkeit ist leider nicht so einfach. Balzac hat dies in einem Satz zum Ausdruck gebracht: «Das Genie gleicht allen und keiner gleicht ihm.» So steht es auch mit der Kunst, die nichts ist ohne die Wirklichkeit, und ohne die die Wirklichkeit kaum etwas bedeutet. Wie sollte in der Tat die Kunst auf das Wirkliche verzichten und wie sich ihm unterwerfen? Der Künstler wählt seinen Gegenstand und wird genauso gut von seinem Gegenstand gewählt. In gewissem

Sinn ist die Kunst eine Auflehnung gegen das Flüchtige und Unvollendete der Welt: der Künstler will also nichts anderes, als der Wirklichkeit eine veränderte Gestalt geben, während er gleichzeitig gezwungen ist, diese Wirklichkeit beizubehalten, weil sie die Quelle seines Empfindens darstellt. In dieser Beziehung sind wir alle Realisten, und doch ist es keiner. Die Kunst ist weder die völlige Ablehnung noch die völlige Zustimmung zu dem, was ist. Sie ist gleichzeitig Ablehnung und Zustimmung, und darum kann sie nichts anderes sein als ein stets neues Hin- und Hergerissenwerden. Der Künstler befindet sich ständig in einer Zwickmühle: er ist unfähig, die Wirklichkeit zu leugnen, und doch stets dazu getrieben, sie in ihrem ewig unvollendeten Aspekt anzugreifen. Damit ein Stilleben entsteht, müssen ein Maler und ein Apfel sich auseinandersetzen und gegenseitig korrigieren. Und wenn auch die Formen nichts sind ohne das Licht der Welt, so tragen sie doch ihrerseits zu diesem Licht bei. Die Welt des Wirklichen, die durch ihre Pracht die Körper und die Statuen entstehen läßt, empfängt gleichzeitig von ihnen ein zweites Licht, das dem Licht des Himmels erst Dauer verleiht. Der große Stil findet sich so auf halbem Weg zwischen dem Künstler und seinem Gegenstand.

Es geht also nicht um die Frage, ob die Kunst dem Wirklichen aus dem Weg gehen oder sich ihm unterwerfen müsse, sondern nur um die genaue Dosis an Wirklichem, mit der das Werk sich beladen muß, um nicht in den Wolken zu verschwinden oder sich im Gegenteil auf bleiernen Sohlen dahinzuschleppen Dieses Problem löst jeder Künstler nach seinem Empfinden und Vermögen. Je stärker sich der Künstler gegen die Wirklichkeit der Welt auflehnt, desto größer ist vielleicht der Ballast des Wirklichen, der ihm sein Gleichgewicht verleiht. Aber dieser Ballast kann die dem einzelnen Künstler eigene Forderung nie ersticken. Die erhabensten Werke, die der griechischen Tragiker, die Melvilles, Tolstois oder Molières, werden immer das Wirkliche und die Ablehnung, die der Mensch ihm entgegensetzt, ins Gleichgewicht bringen, wobei sich beide in dem unablässigen Sprühen des fröhlichen und zerrissenen Lebens gegenseitig neuen Auftrieb geben. Dann taucht hin und wieder eine neue Welt auf, verschieden von der Alltagswelt und doch die gleiche, besonders und doch universell, voll von unschuldiger Unsicherheit, für ein paar Stunden von der Kraft und der Unbefriedigtheit des Genies hervorgerufen. Das ist das Richtige und ist doch nicht das Richtige, die Welt ist nichts und die Welt ist alles — darin liegt der doppelte, unermüdliche Ruf jedes wahren Künstlers beschlossen, der Ruf, der ihn aufrecht hält, immer wachsam, und der von Zeit zu Zeit im Schoß der schlafenden Welt für alle das flüchtige und eindrückliche Bild einer Wirklichkeit weckt, die wir erkennen, ohne ihr je begegnet zu sein.

Gleich ergeht es dem Künstler mit seiner Zeit, von der er sich nicht abwenden und in der er sich nicht verlieren darf. Wenn er sich davon abwendet, spricht er ins Leere. Aber in dem Maß, da er sie zu seinem Gegenstand macht, bestätigt er umgekehrt seine eigene Existenz als Subjekt und kann sich ihr nicht restlos unterwerfen. Mit anderen Worten: gerade im Augenblick, da der Künstler beschließt, das Los aller zu teilen, stellt er seine Individualität in den Vordergrund. Und diesem Dilemma kann er nicht entrinnen. Der Künstler entnimmt der Geschichte das, was er selber davon sehen oder erleiden kann, unmittelbar oder mittelbar, das heißt das Zeitgeschehen im engen Sinn des Wortes, sowie die Menschen, die heute leben, nicht aber die Beziehung dieses Zeitgeschehens zu einer für den lebenden Künstler unvorhersehbaren Zukunft. Den zeitgenössischen Menschen im Namen eines noch nicht vorhandenen Menschen zu beurteilen, ist die Aufgabe der Prophezeiung. Der Künstler hingegen kann nur die sich ihm bietenden Mythen in ihrer Wirkung auf den jetzt lebenden Menschen bewerten. Der Prophet, der religiöse oder politische, kann absolut urteilen und versagt es sich bekanntlich auch nicht. Der Künstler jedoch kann das nicht. Wenn er ein unbedingtes Urteil abgäbe, würde er ohne Abstufung die Wirklichkeit in Gut und Böse aufteilen und eine melodramatische Saite aufziehen. Die Kunst verfolgt ganz im Gegenteil nicht den Zweck, Gesetze zu erlassen oder zu herrschen, sondern zu allererst, zu verstehen. Zuweilen herrscht sie, weil sie versteht. Aber nie ist ein geniales Werk aus Haß und Verachtung entstanden. Darum spricht der Künstler am Ende seines Weges frei, anstatt zu verdammen. Er ist nicht Richter, sondern Rechtfertiger. Er ist der unermüdliche Fürsprecher des lebendigen Geschöpfes, eben weil es lebendig ist. Er plädiert wahrhaft für die Nächstenliebe, nicht für jene Fernliebe, die den zeitgenössischen Humanismus zu einem Katechismus der Gerichtshöfe erniedrigt. Im Gegenteil: das große Werk beschämt schließlich alle Richter. In ihm ehrt der Künstler gleichzeitig das erhabenste Bild des Menschen und verneigt sich vor dem schäbigsten Verbrecher. «Kein einziger der mit mir in diesem gräßlichen Ort Eingeschlossenen», schreibt Wilde im Gefängnis, «der nicht eine symbolische Beziehung zum Geheimnis des Lebens unterhielte.» Ja, und dieses Geheimnis des Lebens ist eins mit dem Geheimnis der Kunst.

Während hundertfünfzig Jahren haben die Schriftsteller der Händler-Gesellschaft mit wenigen Ausnahmen geglaubt, sie könnten in einer wohligen Verantwortungslosigkeit leben. Sie haben in der Tat ihr Leben gelebt und sind dann so allein gestorben, wie sie gelebt hatten. Wir Schriftsteller des 20. Jahrhunderts werden nie mehr allein sein. Im Gegenteil, wir müssen wissen, daß wir dem gemeinsamen Elend nicht entrinnen können und daß unsere einzige Rechtfertigung, wenn es eine gibt, darin besteht, nach bestem Können für die zu sprechen, die es nicht vermögen. Wir müssen in der Tat für alle die Menschen sprechen, die in diesem Augenblick leiden, welches auch die vergangene oder zukünftige Größe des Staates oder der Partei sein mag, von denen sie unterdrückt werden: für den Künstler gibt es keine privilegierten Henker. Darum kann heute, selbst heute, vor allem heute, die Schönheit nicht im Dienst einer Partei stehen; sie dient über kurz oder lang nur dem Schmerz oder der Freiheit der Menschen. Einzig engagiert ist der Künstler, der zwar keineswegs den Kampf ablehnt, wohl aber sich weigert, sich den regulären Truppen anzuschließen, das heißt der Franktireur. Die Lektion, die ihm dann die Schönheit erteilt, ist, wenn er sie ehrlich annimmt, nicht eine Lektion der Eigenliebe, sondern der harten Brüderlichkeit. So aufgefaßt, hat die Schönheit noch keinen Menschen geknechtet. Seit Tausenden von Jahren hat sie im Gegenteil jeden Tag, jede Sekunde, das Joch von Millionen Menschen erleichtert und zuweilen ein paar unter ihnen auf immer befreit. Vielleicht rühren wir hier endlich an die Größe der Kunst, die in dieser ständigen Spannung zwischen Schönheit und Schmerz besteht, zwischen der Liebe zum Menschen und dem Wahn der Schöpfung, der unerträglichen Einsamkeit und der zermürbenden Menge, der Ablehnung und der Bejahung. Sie wandelt zwischen zwei Abgründen, der Leichtfertigkeit und der Propaganda. Auf diesem schmalen Grat, auf dem der große Künstler sich vorwärtsbewegt, ist jeder Schritt ein Abenteuer, eine gewaltige Gefahr. Und doch findet sich in diesem Risiko und einzig in ihm die Freiheit der Kunst. Eine schwierige Freiheit, die vielmehr an eine asketische Zucht gemahnt. Welcher Künstler wollte es abstreiten? Welcher Künstler wollte es wagen, zu behaupten, er sei dieser nie endenden Aufgabe gewachsen? Diese Freiheit setzt Gesundheit des Herzens und des Leibes voraus, einen Stil, der gleichsam Seelenstärke und geduldiges Kämpfen verkörpert. Wie jede Freiheit ist sie ein ständiges Risiko, ein aufreibendes Abenteuer, und darum flieht man heute dieses Risiko so gut wie die anspruchsvolle Freiheit und stürzt sich in alle Arten von Abhängigkeit, um zumindest die Bequemlichkeit der Seele zu erlangen. Aber wenn die Kunst kein Abenteuer ist, was ist sie dann und wo ist ihre Rechtfertigung? Nein, gerade so wenig wie der freie Mensch ist der freie Künstler ein Mensch der

Bequemlichkeit. Der freie Künstler ist der Mensch, der mühselig seine Ordnung selber schafft. Je wirrer das ist, was er ordnen muß, desto strenger wird seine Regel sein und desto nachdrücklicher die Bekräftigung seiner Freiheit. Es gibt einen Ausspruch von Gide, dem ich immer beigepflichtet habe, obwohl er mißverstanden werden kann: «Die Kunst lebt vom Zwang und stirbt an der Freiheit.» Das stimmt. Aber es darf nicht daraus geschlossen werden, daß die Kunst gelenkt werden könne. Die Kunst lebt nur von dem Zwang, den sie sich selber auferlegt: an fremdem Zwang stirbt sie. Wenn sie sich ihn andererseits nicht selber auferlegt, fängt sie an, sich in Wahngebilde zu verstricken und Schatten dienstbar zu werden. So kommt es, daß die freieste — und die aufrührerischste — Kunst auch die klassischste ist, sie krönt das größte Bemühen. Solange eine Gesellschaft und ihre Künstler nicht zu diesem langwierigen freien Bemühen bereit sind, solange sie sich der Bequemlichkeit der Kurzweil oder des Konformismus hingeben, den Spielereien des l'art pour l'art oder den Predigten der realistischen Kunst, so lange bleiben ihre Künstler Nihilisten und unfruchtbar. Damit ist gesagt, daß heute die Neugeburt von unserem Mut und unserem Willen zur Klarsicht abhängt.

Ja, diese Neugeburt liegt in unser aller Hand. Von uns hängt es ab, ob das Abendland jene Gegen-Alexander entstehen läßt, die den vom Schwert durchhauenen gordischen Knoten der Kultur neu knüpfen. Dafür müssen wir alle Risiken und die Mühen der Freiheit auf uns nehmen. Es geht nicht um die Frage, ob es uns gelingt, die Freiheit zu bewahren, wenn wir der Gerechtigkeit nachstreben. Sondern es geht um das Wissen, daß wir ohne die Freiheit nichts zustande bringen und gleichzeitig die zukünftige Gerechtigkeit und die ehemalige Schönheit verlieren werden. Einzig die Freiheit erlöst die Menschen aus der Vereinzelung; die Knechtschaft dagegen herrscht über eine Unzahl von Einsamkeiten. Und auf Grund jenes freien Wesens, das zu definieren ich versucht habe, eint die Kunst da, wo die Tyrannei trennt. Wie sollte man sich da wundern, daß sie von allen Bedrückern als der erklärte Feind angesehen wird? Wie sollte man sich wundern, daß die Künstler und Geistesarbeiter die ersten Opfer der modernen Tyranneien geworden sind, ob sie nun von rechts oder von links kommen? Die Tyranneien wissen, daß im Kunstwerk eine befreiende Kraft steckt, die nur den Menschen geheimnisvoll erscheint, die ihr nicht huldigen. Jedes Werk macht das Menschenantlitz bewundernswerter und reicher, das ist sein ganzes Geheimnis. Und Tausende von Lagern und Gefängnisgittern genügen nicht, um dieses erschütternde Zeugnis der Würde zu verdunkeln. Darum ist es nicht wahr, daß man selbst vorübergehend die Kultur aufheben kann, um eine neue vorzubereiten. Man kann das unablässige Zeugnis, das der Mensch von seinem Elend und seiner Größe ablegt, nicht aufheben, man kann das Atmen nicht aufheben. Es gibt keine Kultur ohne Erbteil, und wir können und dürfen von dem unseren, von dem des Abendlands, nichts zurückweisen. Wie immer die Werke der Zukunft beschaffen sein mögen, sie werden alle das gleiche, aus Mut und Freiheit bestehende, von der Kühnheit Tausender von Künstlern aller Jahrhunderte und aller Völker genährte Geheimnis bergen. Ja, wenn die moderne Tyrannei uns beweist, daß der Künstler ein öffentlicher Feind ist, selbst wenn er sich auf seinen Beruf beschränkt, hat sie recht. Aber gleichzeitig ehrt sie durch ihn hindurch ein Bild des Menschen, das bisher nichts zu vernichten vermochte.

Meine Schlußfolgerung ist einfach. Inmitten des Gedröhns und des Aufruhrs unserer Geschichte sage ich ganz schlicht: «Freuen wir uns.» Freuen wir uns in der Tat, dem Untergang eines verlogenen und bequemen Europa beigewohnt zu haben und uns grausamen Wahrheiten gegenübergestellt zu sehen. Freuen wir uns in unserer Eigenschaft als Menschen, da ein lange dauernder Betrug zusammengebrochen ist und wir in dem, was uns bedroht, klar sehen. Und freuen wir uns in unserer Eigenschaft als Künstler, die dem Schlaf und der Taubheit entrissen wurden und mit Gewalt dem Elend, den Kerkern, dem Blut ins Auge blicken müssen. Wenn wir angesichts dieses Schauspiels die Erinnerung an die Tage und die Gesichter zu bewahren verstehen, wenn wir umgekehrt angesichts der Schönheit der Welt die Erniedrigten nicht vergessen, dann wird die abendländische Kunst nach und nach ihre Kraft und ihre königliche Würde wiederfinden. Gewiß gibt es in der Geschichte wenig Beispiele von Künstlern, die sich mit so schweren Problemen auseinandersetzen mußten. Aber gerade wenn selbst die einfachsten Worte und Sätze mit Freiheit und Blut bezahlt werden, lernt der Künstler, sie maßvoll zu gebrauchen. Die Gefahr macht klassisch, und schließlich wurzelt jede Größe in der Gefahr.

Die Zeit der verantwortungslosen Künstler ist vorbei. Unserer kleinen Annehmlichkeiten wegen tut uns das leid. Aber wir werden anzuerkennen wissen, daß diese Prüfung gleichzeitig unserer Aussicht auf Echtheit zugute kommt, und werden die Herausforderung annehmen. Die Freiheit der Kunst ist nicht viel wert, wenn sie keinen anderen Sinn hat, als die Behaglichkeit des Künstlers zu sichern. Soll ein Wert oder eine Tugend in einer Gesellschaft Wurzel fassen, gehört es sich, sie nicht mit Lügen zu umgeben, das heißt jedesmal, da man es kann, dafür zu zahlen. Wenn die

Freiheit gefährlich geworden ist, dann ist sie im Begriff, nicht mehr prostituiert zu werden. Und ich kann zum Beispiel den Leuten nicht beipflichten, die sich heute über den Niedergang der Lebensweisheit beklagen. Augenscheinlich haben sie recht. Aber in Wirklichkeit hat die Lebensweisheit nie einen so gründlichen Niedergang erlebt als zur Zeit, da sie das gefahrlose Vergnügen ein paar bücherstöbernder Humanisten bildete. Heute, da sie endlich wahren Gefahren begegnen muß, besteht im Gegenteil Aussicht, daß sie von neuem auf sicheren Füßen stehen, von neuem geachtet werden kann.

Es heißt, daß Nietzsche nach seinem Bruch mit Lou Salomé in seiner endgültigen Einsamkeit, vom Gedanken an das gewaltige Werk, das er ohne jede Hilfe schaffen mußte, gleichzeitig niedergedrückt und begeistert, nachts auf den Bergen über der Bucht von Genua spazierenging und große Brände von Blättern und Zweigen anzündete, denen er bis zum Verglühen zuschaute. Ich habe oft an diese Feuer gedacht, und es ist vorgekommen, daß ich in der Vorstellung gewisse Menschen und gewisse Werke dieser Prüfung unterzog. Nun, unsere Zeit ist eines jener Feuer, deren unerträgliche Hitze gewiß viele Werke zu Asche werden läßt! Aber bei denen, die verbleiben, wird das Metall unversehrt sein, und wir können uns ihnen gegenüber rückhaltlos der höchsten Freude des Geistes hingeben, der Bewunderung.

Zweifellos kann man sich eine sanftere Flamme wünschen, und auch ich wünschte sie, ein Atemholen, einen Halt, der zum Träumen einlädt. Aber vielleicht gibt es für den Künstler keinen anderen Frieden als jenen, der sich in der glühendsten Hitze des Kampfes findet. «Jede Mauer ist eine Pforte», hat Emerson sehr richtig gesagt. Wir wollen die Pforte und den Ausweg nicht anderswo suchen als in der Mauer, an deren Fuß wir leben. Wir wollen vielmehr die Atempause dort suchen, wo sie sich findet, nämlich inmitten der Schlacht. Denn — und damit will ich aufhören — ich bin überzeugt, daß sie dort zu finden ist. Die großen Gedanken, so ist gesagt worden, kommen auf Taubenfüßen in die Welt. Darum würden wir vielleicht, wenn wir aufmerksam lauschten, inmitten des Aufruhrs der Reiche und der Nationen etwas wie schwaches Flügelrauschen vernehmen, das weiche Rascheln des Lebens und der Hoffnung. Die einen sagen, diese Hoffnung werde von einem Volk verkörpert, die anderen, von einem Menschen. Ich glaube, daß sie im Gegenteil von Millionen einzelner Menschen erweckt, belebt und unterhalten wird, Menschen, deren Tun und Werke jeden Tag die Grenzen und die plumpe Augenfälligkeit der Geschichte abstreiten, um flüchtig die stets bedrohte Wahrheit aufleuchten zu lassen, die ein jeder auf seinem Leiden und seiner Freude für alle aufrichtet.

Licht und Schatten

Für Jean Grenier

VORWORT

DIE HIER VORLIEGENDEN ESSAYS entstanden in den Jahren 1935 und 1936 (ich war damals zweiundzwanzig) und wurden ein Jahr später in sehr kleiner Auflage in Algerien veröffentlicht. Obwohl diese Ausgabe seit langem vergriffen ist, habe ich einen Neudruck bisher stets abgelehnt.

Meine beharrliche Weigerung hat keine geheimnisvollen Gründe. Ich verleugne nichts von dem, was auf diesen Seiten zum Ausdruck kommt, doch erschien mir die Form immer schwerfällig. Ob ich will oder nicht, hege ich eine Vorstellung von der Kunst (ich werde später näher darauf eingehen), die mich lange Zeit daran gehindert hat, eine neue Ausgabe ins Auge zu fassen. Anscheinend eine große Eitelkeit, die auch die Vermutung zuließe, daß meine anderen Werke allen Anforderungen gerecht werden. Muß ich ausdrücklich betonen, daß dem nicht so ist? Obwohl mir die Mängel meiner anderen Werke durchaus bewußt sind, gehen sie mir weniger nah als die von *Licht und Schatten*. Wie ist das anders zu erklären als mit dem Bekenntnis, daß es hier eben um die Dinge geht, die mir am meisten am Herzen liegen und die durch dieses Ungenügen ein wenig verfälscht werden? Nun die Frage des literarischen Wertes beigelegt ist, kann ich in der Tat gestehen, daß dieses Büchlein für mich einen bedeutenden Wert als Zeugnis besitzt.

Ich sage ausdrücklich für mich, denn mir selbst gegenüber legt es Zeugnis ab, von mir verlangt es eine Treue, deren Ausmaß und Schwierigkeiten ich allein kenne. Ich möchte zu erklären versuchen, warum.

Brice Parain versichert oft, dieses schmale Buch enthalte das Beste, was ich geschrieben habe. Parain irrt sich. Da ich seine freundschaftliche Ehrlichkeit kenne, sage ich dies nicht aus jener Ungeduld heraus, die jeden Künstler anwandelt, wenn jemand die Unverschämtheit hat, sein früheres Sein seinem jetzigen vorzuziehen. Nein, er irrt sich, weil man — ein Genie ausgenommen — mit zweiundzwanzig Jahren eben erst anfängt, schreiben zu können. Aber ich weiß, was Parain, dieser gelehrte Feind der Kunst und Philosoph des Mitleids, mit seiner Behauptung meint.

Er will sagen, und zwar zu Recht, daß diese unbeholfenen Seiten mehr wahre Liebe enthalten als alle späteren.

Jeder Künstler besitzt nämlich in seinem tiefsten Inneren eine einzige Quelle, die sein Leben lang speist, was er ist und was er sagt. Wenn die Quelle versiegt, sieht man das Werk allmählich krustig und rissig werden. Undankbarer Boden der Kunst, den der verborgene Strom nicht mehr berieselt! Das Haar wird spärlich und spröde, der stoppelbekränzte Künstler ist reif für das Schweigen — oder die Salons, was auf das gleiche herauskommt. Ich weiß, daß meine Quelle sich in Licht und Schatten befindet, in jener Welt der Armut und des Lichtes, in der ich lange Jahre gelebt habe und die mich dank der Erinnerung heute noch vor zwei gegensätzlichen, jeden Künstler bedrohenden Gefahren bewahrt, nämlich dem Ressentiment und der Sattheit.

Die Armut, um zuerst von ihr zu sprechen, habe ich nie als Unglück empfunden, denn das Licht breitete seine Schätze über sie aus. Selbst meine Auflehnung wurde davon erhellt. Es war beinahe immer — ich glaube es in aller Aufrichtigkeit sagen zu dürfen — eine Auflehnung im Namen aller Menschen, damit das Leben aller Menschen ins Licht erhoben werde. Es ist nicht sicher, daß mein Herz von Natur aus zu dieser Art Liebe neigte. Aber die Umstände kamen mir zu Hilfe. Um einer angeborenen Gleichgültigkeit die Waage zu halten, wurde ich halbwegs zwischen das Elend und die Sonne gestellt. Das Elend hinderte mich, zu glauben, daß alles unter der Sonne und in der Geschichte gut sei; die Sonne lehrte mich, daß die Geschichte nicht alles ist. Das Leben ändern, ja, nicht aber die Welt, die ich zu meiner Gottheit machte. So kam es wohl, daß ich die unbequeme Laufbahn einschlug, die die meine ist, und voll Unschuld das hohe Seil betrat, auf dem ich mühsam vorwärtsschreite, ungewiß, ob ich das Ziel erreichen werde. Mit anderen Worten: ich wurde Künstler, wenn es denn wahr ist, daß es keine Kunst gibt ohne ein Ablehnen und ein Bejahen.

Auf jeden Fall hat die herrliche Wärme, die über meiner Kindheit herrschte, keinerlei Ressentiment in mir aufkommen lassen. Ich lebte in beschränkten Verhältnissen, aber auch in einer Art Genuß. Ich verspürte unendliche Kräfte in mir und mußte nur herausfinden, wo ich sie einsetzen konnte. Nicht die Armut stellte ihnen Hindernisse in den Weg: in Afrika kosten Meer und Sonne nichts. Das Hindernis lag vielmehr in den Vorurteilen oder der Dummheit. Es fehlte mir da nicht an Gelegenheit, einen geradezu «spanischen» Stolz zu entwickeln, der mir sehr geschadet hat, über den mein Freund und Lehrer Jean Grenier sich mit Recht lustig macht und den ich vergeblich zu überwinden suchte, bis ich eines

Tages begriff, daß es auch eine Schicksalhaftigkeit der Veranlagung gibt. Da war es besser, den eigenen Stolz hinzunehmen und zu versuchen, ihn dienstbar zu machen, als sich, wie Chamfort sagt, Grundsätze vorzuschreiben, die stärker sind als der eigene Charakter. Aber nach ehrlicher Selbstprüfung darf ich bezeugen, daß unter meinen zahlreichen Schwächen der bei uns Menschen am weitesten verbreitete Fehler nie zu finden gewesen ist: ich meine die Mißgunst, dieses wahre Krebsgeschwür der Gesellschaften und der Doktrinen.

Das Verdienst für diese glückhafte Gefeitheit kommt nicht mir zu. Ich verdanke sie in erster Linie meinen Angehörigen, denen es sozusagen an allem mangelte und die sozusagen nichts mit mißgünstigen Augen betrachteten. Durch ihr bloßes Schweigen, ihre Zurückhaltung, ihren natürlichen, schlichten Stolz haben die Meinen, die nicht einmal lesen konnten, mir damals die vornehmsten, heute noch in mir nachwirkenden Lehren erteilt. Zudem war ich selber zu sehr mit Empfinden beschäftigt, um anderem nachzuträumen. Wenn ich in Paris das Leben schwerreicher Leute sehe, steckt auch heute noch in dem Befremden, das es häufig in mir wachruft, ein Stück Mitleid. Es ist auf der Welt vielerlei Ungerechtigkeit anzutreffen, doch gibt es eine, von der nie gesprochen wird, und zwar die des Klimas. Lange Zeit war ich, ohne es zu wissen, ein Nutznießer dieser besonderen Ungerechtigkeit. Und schon höre ich die Anklagen unserer blindwütigen Menschenfreunde, sollten sie diese Zeilen lesen. Ich versuche, die Arbeiter als reich hinzustellen und die Bürger als arm, um die glückliche Knechtschaft der einen und die Macht der anderen länger aufrechtzuerhalten. Nein, darum geht es nicht. Wenn sich zu dem Leben ohne Himmel und ohne Hoffnung, das ich beim Eintritt ins Mannesalter in der gräßlichen Umgebung unserer Großstädte entdeckte, die Armut gesellt, dann erfüllt sich die schlimmste und zugleich empörendste Ungerechtigkeit; und es muß in der Tat alles versucht werden, um diese Menschen der doppelten Erniedrigung durch das Elend und durch die Häßlichkeit zu entreißen. Obwohl ich in einem Arbeiterviertel als Kind armer Leute zur Welt gekommen bin, wußte ich nicht, was wahres Unglück bedeutet, ehe ich unsere seelenlosen Vorstädte kennenlernte. Selbst die größte Bedürftigkeit der Araber kann nicht damit verglichen werden, denn der Himmel ist anders. Aber wer einmal die Industrievororte gesehen hat, fühlt sich, wie ich glaube, auf immer besudelt und verantwortlich für ihr Vorhandensein.

Indessen bleiben meine Worte trotzdem wahr. Ich begegne manchmal Leuten, deren Reichtum so groß ist, daß ich ihn mir nicht einmal vorzustellen vermag. Und doch muß ich mich anstrengen, um zu verstehen, daß man ein solches Vermögen voll Mißgunst betrachten kann. Vor Zeiten lebte ich einmal eine Woche lang im Überfluß aller Güter dieser Welt: wir schliefen im Freien an einem Strand, wir ernährten uns von Früchten und verbrachten den halben Tag in menschenleerem Wasser. Damals erkannte ich eine Wahrheit, die mich seither immer bewogen hat, die Zeichen des Wohlstands oder der Wohlbestalltheit mit Ironie, Ungeduld und zuweilen mit Grimm zu vermerken. Obwohl ich jetzt ein materiell sorgenfreies Leben führe, also zu den Privilegierten gehöre, verstehe ich es nicht, zu besitzen. Von dem, was ich habe — und was mir immer ohne mein Zutun zufällt —, vermag ich nichts zu behalten. Weniger aus Verschwendungssucht, will mir scheinen, als aus einer besonderen Art von Sparsamkeit: ich geize mit jener Freiheit, die verloren geht, sobald der Überfluß an Gütern beginnt. Der größte Luxus hat in meinen Augen nie aufgehört, eins zu sein mit einer gewissen Blöße. Ich liebe das kahle Haus der Araber oder der Spanier. Der Ort, an dem ich am liebsten lebe und arbeite (und wo es mir im Gegensatz zu den meisten Menschen sogar gleich wäre, zu sterben), ist das Hotelzimmer. Der vielgelobten Häuslichkeit habe ich nie Geschmack abgewinnen können; das sogenannte bürgerliche Glück langweilt und erschrickt mich. Diese Unfähigkeit hat übrigens nichts Rühmliches an sich und hat nicht wenig dazu beigetragen, meinen häßlichen Fehlern Vorschub zu leisten. Ich empfinde keinen Neid, was mein gutes Recht ist, aber ich denke nicht immer an den Neid der anderen, und das vermindert meine Vorstellungskraft, das heißt mein Gutsein. Ich habe mir allerdings zu meinem persönlichen Gebrauch einen Leitspruch geprägt: «Seine Grundsätze muß man für die großen Gelegenheiten sparen, für die kleinen genügt das Erbarmen.» Ach, leider schafft man sich Leitsprüche, um die Mängel der eigenen Natur zu verdecken! In meinem Fall heißt das Erbarmen, von dem ich spreche, eher Gleichgültigkeit. Ich brauche nicht zu betonen, daß diese letztere weniger wunderbare Wirkungen zeitigt!

Ich wollte nur deutlich machen, daß Armut nicht zwangsläufig Mißgunst bedingt. Selbst als später eine schwere Krankheit mir vorübergehend die Lebenskraft raubte, die trotz der unsichtbaren Gebrechen und der neuen darin zu Tage tretenden Schwächen alles in mir verklärte, erfuhr ich zwar Angst und Mutlosigkeit, nie aber Verbitterung. Natürlich fügte diese Krankheit zu den bereits bestehenden Fesseln neue hinzu, und zwar die härtesten. Aber letzten Endes begünstigte sie jene Freiheit des Herzens, jenes unmerkliche Abstandwahren gegenüber den Interessen der Menschen, das mich vor jedem Ressentiment bewahrt hat. Seit ich in Paris lebe, weiß ich, daß dies ein königliches Vorrecht bedeutet. Aber ich habe es rückhaltlos und ohne Gewissensbisse genossen, und es hat, zumindest bis heute, mein ganzes Leben hell gemacht. So war zum Beispiel mein Verhältnis zur Kunst zuerst von Bewunderung bestimmt, was in gewissem Sinne das Paradies auf Erden bedeutet. (Bekanntlich ist es in Frankreich heutzutage im Gegenteil Brauch, seine literarische Laufbahn damit zu beginnen — und selbst zu beenden —, daß man sich einen Künstler zum Verspotten aussucht.) Gleichermaßen waren auch meine Leidenschaften als Mann nie «gegen» etwas. Die Menschen, die ich geliebt habe, waren immer besser und größer als ich. Die Armut, so wie ich sie erfahren habe, hat mich demnach nicht den Groll gelehrt, sondern im Gegenteil eine gewisse Treue und eine wortlose Beharrlichkeit. Wenn ich das zuweilen vergessen habe, so liegt die Schuld bei mir und meinen Fehlern, nicht aber bei der Welt, in die ich hineingeboren wurde.

Die Erinnerung an diese Jahre hat mich auch daran gehindert, mich in der Ausübung meines Berufs je befriedigt zu fühlen. Hier möchte ich so schlicht wie möglich von dem sprechen, was die Schriftsteller für gewöhnlich verschweigen. Ich meine nicht die Genugtuung, die man angeblich empfindet, wenn ein Buch oder eine Seite geglückt ist. Ich weiß nicht, ob viele Künstler diese Befriedigung kennen. Ich für mein Teil glaube nicht, daß das Durchlesen einer beendeten Seite mir je eine Freude beschert hat. Ich muß sogar gestehen, daß der Erfolg einiger meiner Bücher mich nach wie vor buchstäblich überrascht. Natürlich gewöhnt man sich daran, sogar auf ziemlich beschämende Art. Und doch komme ich mir auch heute noch als Lehrling vor, wenn ich an manche lebende Schriftsteller denke, die ich nach ihrem wahren Verdienst gewürdigt sehen möchte und zu deren vornehmsten Jean Grenier gehört, dem vor zwanzig Jahren bereits diese Essays gewidmet wurden. Der Schriftsteller kennt selbstverständlich gewisse Freuden, für die er lebt und die zu seinem Glück genügen. Mir persönlich widerfahren sie im schöpferischen Augenblick, in der Sekunde, da das Thema sich offenbart, da vor der plötzlich hellsichtigen Empfindsamkeit die Gliederung des Werkes sich abzeichnet, in jenen köstlichen Augenblicken, da Phantasie und Geist gänzlich verschmelzen. Diese Augenblicke vergehen, wie sie gekommen sind. Es bleibt die Ausführung, will sagen eine lange Mühsal.

Andererseits erfährt der Künstler auch Freuden, die er der Eitelkeit verdankt. Der Beruf des Schriftstellers ist, besonders in der französischen Gesellschaft, weitgehend ein Beruf der Eitelkeit. Ich stelle dies übrigens ohne Verachtung fest, höchstens mit leisem Bedauern. Ich gleiche in dieser Beziehung allen anderen; wer kann behaupten, er sei frei von dieser lächerlichen Schwäche? Schließlich kommt in einer dem Neid und dem Hohn verschriebenen Gesellschaft immer der Tag, da unsere Schriftsteller dem Spott anheimfallen und diese armseligen Freuden teuer bezahlen. Aber in zwanzig Jahren literarischer Tätigkeit hat mir mein Beruf im Grunde herzlich wenig Freuden dieser Art eingetragen und zwar je länger, desto weniger.

Hat mich nicht gerade die Erinnerung an die in *Licht und Schatten* geahnten Wahrheiten immer daran gehindert, mich in der öffentlichen Ausübung meines Berufs wohlzufühlen, und mich zu manchem Nein getrieben, obwohl ich mir damit nicht immer Freunde schuf? Denn wenn man das Kompliment oder die Ehrung nicht beachtet, erweckt man im Spender dieser Artigkeiten den Glauben, man verachte ihn, während man doch nur an sich selber zweifelt. Desgleichen wären mir mehr Sympathien zuteil geworden, wenn ich jene in der literarischen Welt so häufig vorkommende Mischung aus Schroffheit und Willfährigkeit an den Tag gelegt, ja selbst wenn ich mich, wie so viele andere, übermäßig zur Schau gestellt hätte, denn schließlich und endlich hätte ich mich damit einfach an die Spielregeln gehalten. Aber was kann ich dafür, wenn dieses Spiel mir keinen Spaß macht! Der Ehrgeiz eines Rubempré oder eines Julien Sorel erstaunt mich oft durch seine Naivität und auch durch seine Bescheidenheit. Der Ehrgeiz eines Nietzsche, eines Tolstoi oder eines Melville erschüttert mich gerade wegen seines Scheiterns. In meinem geheimsten Herzen empfinde ich Demut einzig angesichts des Lebens der Ärmsten oder der großen Abenteuer des Geistes. Zwischen beiden Polen macht sich heute eine Gesellschaft breit, die zum Lachen reizt.

An gewissen Theaterpremieren — Treffpunkt der Leute, die sich voll Überheblichkeit als «das Salz von Paris» bezeichnen und denen ich nur bei solchen Gelegenheiten begegne — habe ich zuweilen den Eindruck, daß der Raum sich verflüchtigen wird, daß diese Welt, so wie sie scheint, nicht existiert. Die anderen vielmehr erscheinen mir wirklich, die großen Gestalten, die auf der Bühne ihre Stimmen erheben. Um dann nicht die Flucht zu ergreifen, muß ich mir in Erinnerung rufen, daß ein jeder unter diesen Zuschauern auch eine Verabredung mit sich selber hat, daß er sich dessen bewußt ist und sich zweifellos gleich zu dieser Begegnung aufmachen wird. Alsbald wird er wieder zum Bruder: die Einsamkeit verbindet die Menschen, die die Gesellschaft trennt. Wie kann man dies wissen und trotzdem dieser Welt schöntun, nach ihren lächerlichen Vorrechten trachten, sich dazu herbeilassen, alle Verfasser aller Bücher zu beglückwünschen, auf augenfällige Art dem günstig gesinnten Kritiker danken, wie versuchen den Gegner für sich zu gewinnen, wie vor allem die Komplimente und jene Bewunderung entgegennehmen, von der die französische Gesellschaft — zumindest in Gegenwart des Autors, denn sobald er den Rücken kehrt! ... — so schrankenlos Gebrauch macht wie von Apéritifs und schmalzigen Wochenblättern? Ich bringe nichts von alledem fertig, das ist nun einmal so. Vielleicht steckt vor allem der mir eigene Hochmut dahinter, dessen Ausmaß und Macht ich kenne. Aber wenn es weiter nichts wäre, wenn es einzig um meine Eitelkeit ginge, dünkt mich im Gegenteil, ich sollte mich nach außen hin des Kompliments erfreuen, anstatt immer wieder Unbehagen zu verspüren. Nein, die Eitelkeit, die ich mit meinen Berufskollegen teile, regt sich hauptsächlich angesichts gewisser Kritiken, die ein gut Teil Wahrheit enthalten. Nicht der Stolz läßt mich ein Kompliment mit der mir so wohlbekannten widerborstigen und verstockten Miene entgegennehmen, sondern (verbunden mit jener angeborenen, tief in mir sitzenden Gleichgültigkeit) ein seltsames Gefühl, das mich dann beschleicht: «Darauf kommt es nicht an», und darum ist das sogenannte Ansehen manchmal so schwer zu ertragen, daß man mit einer Art boshaften Lust alles tut, um es zu verlieren. Wenn ich hingegen nach so vielen Jahren *Licht und Schatten* im Hinblick auf die Neuausgabe wieder durchgehe, weiß ich beim Lesen gewisser Seiten trotz aller Unbeholfenheit instinktiv: darauf kommt es an. Darauf — das heiß eine alte Frau, eine wortkarge Mutter, die Armut, das Licht über den italienischen Olivenbäumen, die einsame und gestaltenreiche Liebe, alles, was in meinen eigenen Augen von der Wahrheit zeugt.

Seit der Zeit, da diese Seiten entstanden, bin ich älter geworden und habe vieles erlebt. Ich habe mehr Selbsterkenntnis gewonnen und weiß um meine Grenzen und beinahe alle meine Schwächen. Über die Menschen habe ich weniger erfahren, weil meine Neugier mehr ihrem Schicksal als ihren Reaktionen gilt und die Schicksale sich oft wiederholen. Ich habe indessen wenigstens gelernt, daß sie existieren und daß die Selbstsucht, wenn sie sich schon nicht verleugnen kann, zumindest versuchen muß, klar zu sehen. Sich seiner selbst zu erfreuen ist unmöglich; ich weiß es trotz der großen Begabung, die ich für diese Art Tätigkeit besitze. Wenn es Einsamkeit gibt, was ich nicht weiß, hätte man wohl das Recht, gelegentlich davon zu träumen wie von einem Paradies. Zuweilen träume ich davon wie ein jeder von uns. Aber zwei gelassene Engel haben mir den Eintritt immer verwehrt; der eine zeigt das Antlitz des Freundes, der andere das Gesicht des Feindes. Ja, das alles weiß ich, und ich habe auch gelernt, oder wenigstens annähernd gelernt, welches der Preis der Liebe ist. Aber vom Leben selber weiß ich nicht mehr, als was voll Ungeschicklichkeit in *Licht und Schatten* steht.

«Es gibt keine Liebe zum Leben ohne Verzweiflung am Leben», habe ich nicht ohne Pathos in diesen Seiten geschrieben. Damals wußte ich nicht, wie recht ich hatte; ich hatte die Zeit der wahren Verzweiflung noch nicht durchschritten. Sie ist nachher gekommen und sie hat alles in mir zu zerstören vermocht außer eben meinem zügellosen Lebenshunger. Ich leide heute noch an dieser zugleich fruchtbaren und zerstörerischen Leidenschaft, die selbst auf den düstersten Seiten von *Licht und Schatten* zum Ausbruch kommt. Nur ein paar Stunden unseres Lebens leben wir wahrhaft, hat jemand gesagt. Das stimmt und stimmt doch auch wieder nicht. Denn die gierige Glut, die in den folgenden Essays spürbar wird, ist nie von mir gewichen, und schließlich bedeutet sie das Leben in seinem unheilvollsten wie in seinem besten Sinn. Gewiß wollte ich das Schlimmste, das sie in mir anrichtete, ausgleichen. Wie jeder von uns habe ich nach Kräften versucht, meine Natur den Forderungen der Moral entsprechend zu bessern. Aber ach, gerade das hat mich am meisten gekostet. Mit viel Energie, und daran fehlt es mir nicht, gelingt es einem zuweilen, sich der Moral gemäß zu benehmen, nicht aber zu sein. Und für einen leidenschaftlichen Menschen heißt von Moral träumen, sich gerade dann der Ungerechtigkeit anheimgeben, wenn man von Gerechtigkeit spricht. Der Mensch erscheint mir manchmal wie die wandelnde Ungerechtigkeit — ich sage dies in Gedanken an mich. Wenn ich jetzt den Eindruck habe, in dem, was ich schrieb, hin und wieder gelogen oder mich getäuscht zu haben, so liegt der Grund darin, daß ich nicht weiß, wie ich meine Ungerechtigkeit auf ehrliche Weise kundtun kann. Gewiß habe ich nie behauptet, ich sei gerecht. Es ist bloß vorgekommen, daß ich sagte, man müsse versuchen, es zu sein, und auch, es sei eine Mühsal und ein Unglück. Aber ist der Unterschied so groß? Und kann einer wirklich Gerechtigkeit predigen, wenn es ihm nicht einmal gelingt, sein Leben unter ihr Zeichen zu stellen? Wenn man wenigstens der Ehre gemäß leben könnte, dieser Tugend der Ungerechten! Doch in unserer Welt gilt dieses Wort als obszön; Aristokrat gehört zu den literarischen und philosophischen Schimpfwörtern. Ich bin kein Aristokrat, meine Antwort ist in diesem Buch enthalten: hier sind die Meinen, meine Lehrer, meine Abkunft; hier steht, was mich durch sie hindurch mit allen verbindet. Und doch, ja, ich bedarf der Ehre, weil ich nicht groß genug bin, um ihrer zu entraten!

Gleichviel! Ich wollte nur festhalten, daß ich zwar seit diesem Buch einen langen Weg zurückgelegt habe, aber nicht übermäßig weit gekommen bin. Oft glaubte ich vorwärts zu gehen, während ich in Wirklichkeit rückwärtsschritt. Aber zum Schluß haben meine Fehler, meine Unwissenheit und meine Treue mich immer wieder auf jenen alten Weg zurückgeführt, den ich mit *Licht und Schatten* zu bahnen begonnen habe, dessen Spuren sich in allem finden, was ich später schuf, und dem ich zum Beispiel an manchem Morgen in Algier immer noch mit der gleichen leichten Berauschtheit folge.

Wenn dem so ist — warum habe ich mich dann lange Zeit geweigert, dieses bescheidene Zeugnis an die Öffentlichkeit zu bringen? Zunächst einmal, weil ich, wie schon gesagt, künstlerische Widerstände in mir zu überwinden habe wie andere moralische oder religiöse Widerstände. Das Tabu, die Vorstellung «das gehört sich nicht», die mir als Sohn einer freien Natur ziemlich fremd ist, bleibt mir in meiner Eigenschaft als Sklave, und zwar als von Bewunderung erfüllter Sklave, einer strengen künstlerischen Tradition stets gegenwärtig. Vielleicht bezieht sich dieses Mißtrauen auf meine tiefinnere Anarchie und bewahrt darum ihre Nützlichkeit. Ich kenne das Ungezügelte meines Wesens, die Heftigkeit bestimmter Triebe, die unschöne Maßlosigkeit, in die ich mich zuweilen stürze. Zu seiner Errichtung bedarf das Kunstwerk zunächst jener geheimen Kräfte der Seele, aber nicht ohne sie in feste Bahnen zu leiten, mit Dämmen zu umgeben, damit ihre Flut gleichzeitig höher steige. Vielleicht sind meine Dämme auch heute noch zu hoch. Daher zuweilen diese Steife ... Aber an dem Tag, da sich zwischen dem, was ich bin, und dem, was ich sage, das Gleichgewicht einstellt, an dem Tag kann ich vielleicht, und ich wage es kaum auszusprechen, das Werk schaffen, von dem ich träume. Hier wollte ich bloß sagen, daß es auf diese oder jene Weise *Licht und Schatten* gleichen und von einer gewissen Art Liebe handeln wird. Nun wird man den zweiten Grund verstehen, der mich dazu trieb, diese Jugendversuche für mich zu behalten. Die Geheimnisse, die uns am teuersten sind, geben wir in der Ungeschicklichkeit und der Formlosigkeit allzusehr preis; ebensosehr verraten wir sie auch durch eine zu kunstreiche Verkleidung. Es ist besser, zu warten, bis man es versteht, sie zu gestalten, ohne daß ihre Stimme verstummt, Kunst und Natur zu ungefähr gleichen Teilen zu mischen, kurzum, zu sein. Denn sein heißt, alles gleichzeitig vermögen. In der Kunst kommt alles gleichzeitig oder aber es kommt nichts; kein

Licht ohne Flamme. Stendhal sagte einmal: «Meine Seele jedoch ist ein Feuer, das leidet, wenn es nicht lodert.» Die Menschen, die ihm in dieser Beziehung ähnlich sind, sollten nur in diesem Lodern schaffen. Aus der Spitze der Flammen steigt kerzengerade der Schrei und findet seine eigenen Worte, die ihn dann ihrerseits weitertragen. Ich meine damit das Ereignis, das wir alle, die wir nicht gewiß sind, Künstler zu sein, doch gewiß, nichts anderes zu sein, Tag für Tag erwarten, um endlich ins Leben zu willigen.

Aber wenn es sich um dieses wahrscheinlich sogar vergebliche Warten handelt, warum dann heute der Veröffentlichung zustimmen? Einmal, weil verschiedene Leser das Argument vorgebracht haben, das mich zu überzeugen vermochte. Es ist eine einfache Überlegung: «Dieses Buch ist bereits vorhanden, aber nur in wenigen Exemplaren, die von den Buchhändlern teuer verkauft werden. Warum sollen einzig die Reichen das Recht haben, es zu lesen?» In der Tat, warum? Und zum zweiten kommt im Leben eines Künstlers immer die Zeit, da er seine Lage bestimmen, sich seinem eigenen Mittelpunkt nähern muß, um nachher zu versuchen, sich dort anzusiedeln. Darum geht es mir heute, und mehr brauche ich nicht zu sagen. Wenn es mir trotz so vieler Bemühungen, eine Sprache zu schaffen und Mythen zum Leben zu erwecken, nicht eines Tages gelingt, *Licht und Schatten* nochmals zu schreiben, werde ich mein Leben lang nichts erreicht haben — das ist meine geheime Überzeugung. Jedenfalls hindert mich nichts, zu träumen, daß es mir gelingt, mir vorzustellen, daß ich in den Mittelpunkt jenes Werkes wiederum das bewunderungswürdige Schweigen einer Mutter stellen werde und das Bemühen eines Mannes, eine Gerechtigkeit oder eine Liebe wiederzufinden, die diesem Schweigen die Waage hält. So steht im Traum des Lebens der Mensch, der seine Wahrheit entdeckt und sie auf der Erde des Todes verliert, um durch Krieg, Geschrei, das wahnwitzige Verlangen nach Gerechtigkeit und schließlich durch den Schmerz zu jener stillen Heimat zurückzufinden, wo selbst der Tod glückhaftes Schweigen ist.

Und da ist auch ... Ja, nichts verbietet zu träumen, selbst in der Stunde der Verbannung, da ich doch wenigstens eines mit unumstößlicher Gewißheit weiß, daß nämlich ein Menschenwerk nichts anderes ist als ein langes Unterwegssein, um auf dem Umweg über die Kunst die zwei oder drei einfachen, großen Bilder wiederzufinden, denen sich das Herz ein erstes Mal erschlossen hat. Vielleicht ist das der Grund, weshalb ich nach zwanzig Jahren Arbeit und Schaffen mit der Vorstellung weiterlebe, daß mein Werk noch gar nicht begonnen ist.

Dies vor allem hier festzuhalten wurde mein Anliegen, als ich mich anläßlich der Neuauflage wieder mit diesen meinen Erstlingsseiten zu beschäftigen begann.

IRONIE

VOR ZWEI JAHREN lernte ich eine alte Frau kennen. Sie litt an einer Krankheit, an der sie zu sterben vermeint hatte. Ihre ganze rechte Seite war gelähmt. Nur ihre eine Hälfte gehörte noch dieser Welt an, während die andere ihr bereits fremd war. Das früher rührige, schwatzhafte alte Weiblein war jetzt zum Schweigen und zur Unbeweglichkeit verurteilt. Da sie ungebildet, nicht sehr feinfühlig und zudem den lieben langen Tag allein war, stellte Gott den einzigen Inhalt ihres Lebens dar. Sie glaubte an ihn. Beweisstücke waren ihr Rosenkranz, eine bleierne Christusfigur und ein das Jesuskind tragender hl. Joseph aus Gips. Sie war nicht überzeugt, daß ihre Krankheit unheilbar sei, aber sie behauptete es, um Anteilnahme zu wecken, und überließ alles andere dem Gott, den sie so unzulänglich liebte.

Eines Tages fand sie Anteilnahme, bei einem jungen Mann. (Er glaubte, es gebe eine Wahrheit, und wußte im übrigen, daß die Frau dem Tode nahe war, aber die Lösung dieses Widerspruchs kümmerte ihn nicht.) Das Mißgeschick der alten Frau war ihm richtig zu Herzen gegangen. Das hatte sie deutlich gemerkt. Und dieses Interesse war ein unverhoffter Glücksfall für die Kranke. Sie berichtete ihm angeregt von ihren Kümmernissen; ihre Zeit war abgelaufen, sie mußte wohl oder übel den Jungen Platz machen. Ob sie sich langweile? Daran bestand kein Zweifel. Niemand unterhielt sich mit ihr. Sie saß in ihrer Ecke wie ein Hund. Da war es besser, Schluß zu machen. Denn sie wollte lieber sterben, als jemand zur Last fallen.

Ihre Stimme hatte einen zänkischen Klang bekommen. Es war eine Stimme, die an Markt, an Feilschen erinnerte. Indessen hatte der junge Mann Verständnis. Allerdings war er der Ansicht, es sei besser, jemand zur Last zu fallen, als zu sterben. Aber das bewies höchstens, daß er zweifellos noch nie jemand zur Last gefallen war. Und so sagte er zu der alten Frau — denn er hatte den Rosenkranz bemerkt: «Sie haben immer noch den lieben Gott.» Das stimmte. Aber selbst in dieser Beziehung wurde sie nicht in Frieden gelassen. Wenn sie sich hie und da in ein langes Gebet vertiefte, wenn ihr Blick sich im Tapetenmuster verlor, sagte ihre

Tochter: «Nun betet sie schon wieder!» — «Was hast du dagegen?» fragte die Kranke. — «Nichts, aber mit der Zeit geht es mir auf die Nerven.» Darauf schwieg die Alte und heftete einen langen, vorwurfsvollen Blick auf ihre Tochter.

Der junge Mann hörte sich das alles mit einem großen unbekannten Schmerz an, der ihm die Brust beengte. Und die Alte sagte noch: «Sie wird dann schon sehen, wenn sie selber alt ist. Dann wird sie es auch nötig haben!»

Man merkte, daß diese alte Frau von allem befreit war außer von Gott, daß sie diesem letzten Übel restlos ausgeliefert war, zur Tugendhaftigkeit genötigt, allzu bereitwillig davon überzeugt, daß einzig und allein das ihr verbliebene Gut Liebe verdiente, daß sie mit einem Wort unwiderruflich dem Elend des auf Gott angewiesenen Menschen überantwortet war. Sollte jedoch die Lebenshoffnung neu aufflammen, so kommt Gott nicht mehr gegen die Interessen der Menschen auf.

Man hatte sich zu Tisch begeben. Der junge Mann war zum Abendessen eingeladen. Die Alte aß nichts, um vor dem Schlafengehen ihren Magen nicht zu belasten. Sie blieb in ihrem Winkel, im Rücken des Menschen, der sie angehört hatte. Und da dieser sich beobachtet fühlte, verging ihm die Lust am Essen. Inzwischen näherte die Mahlzeit sich ihrem Ende. Um das Zusammensein auszudehnen, beschlossen sie ins Kino zu gehen, wo gerade ein lustiger Film gezeigt wurde. Der junge Mann hatte den Vorschlag unbesonnen angenommen, ohne an den Menschen zu denken, der weiterhin in seinem Rücken gegenwärtig war.

Sie erhoben sich von Tisch, um sich vor dem Fortgehen die Hände zu waschen. Es war natürlich keine Rede davon, daß die alte Frau sie begleiten könnte. Selbst wenn sie nicht gelähmt gewesen wäre, hätte ihre Unwissenheit ihr nicht erlaubt, den Film zu verstehen. Sie behauptete, das Kino sei ihr zuwider. In Tat und Wahrheit verstand sie es nicht. Und überhaupt saß sie in ihrer Ecke und befingerte mit leerer Hingabe ihren Rosenkranz. In ihn setzte sie ihre ganze Zuversicht. Die drei Gegenstände, die ihr verblieben, bedeuteten in ihren Augen den greifbaren Punkt, wo das Göttliche seinen Anfang nahm. Hinter dem Rosenkranz, der Christusfigur und dem hl. Joseph tat sich eine schwarze Tiefe auf, der ihre ganze Hoffnung galt.

Nun waren alle zum Ausgehen bereit. Einer nach dem anderen trat zu der alten Frau, um sich zu verabschieden und ihr eine gute Nacht zu wünschen. Sie hatte bereits begriffen und umklammerte ihren Rosenkranz. Aber ganz offensichtlich konnte diese Gebärde geradesogut Verzweiflung wie Frömmigkeit ausdrücken. Die anderen hatten sie umarmt. Nur der junge Mann stand noch da. Er drückte der Frau voll Herzlichkeit die Hand und wandte sich zum Gehen. Sie aber sah bloß, daß der Mensch sie verließ, der ihr Teilnahme bezeigt hatte. Sie wollte nicht allein bleiben. Und sie empfand bereits das Grauen ihrer Einsamkeit, das lange Warten auf den Schlaf, das enttäuschende Alleinsein mit Gott. Sie hatte Angst und suchte ihre Zuflucht ausschließlich bei den Menschen. Sie klammerte sich an den einzigen, der sich mit ihr abgegeben hatte, ließ seine Hand nicht los, drückte sie und erging sich in unbeholfenen Dankesworten, um ihre Zudringlichkeit zu rechtfertigen. Der junge Mann war verlegen. Die anderen drehten sich schon nach ihm um und ermahnten ihn zu größerer Eile. Die Vorstellung fing um neun Uhr an, und es war von Vorteil, frühzeitig hinzukommen, um das Anstehen an der Kasse zu vermeiden.

Er jedoch sah sich dem schrecklichsten Unglück gegenüber, dem er je begegnet war: eine hilflose alte Frau, die man im Stich läßt, um ins Kino zu gehen. Er wollte fort, entkommen, er wollte es gar nicht wissen, versuchte, seine Hand zu befreien. Eine Sekunde lang empfand er einen glühenden Haß auf die alte Frau und hatte Lust, sie schallend zu ohrfeigen.

Endlich vermochte er sich zu lösen und sich zurückzuziehen, während die Kranke sich halb in ihrem Sessel aufrichtete und voll Entsetzen die einzige Gewißheit entschwinden sah, in der sie hätte ruhen können. Nun beschützte sie nichts mehr. Und gänzlich dem Gedanken an den Tod ausgeliefert, wußte sie nicht genau, was sie erschreckte, sondern fühlte bloß, daß sie nicht allein bleiben wollte. Gott war ihr zu nichts nütze, er löste sie nur aus der Gemeinschaft der Menschen und überantwortete sie der Einsamkeit. Sie wollte die Menschen nicht verlassen. Darum fing sie an zu weinen.

Nun standen sie bereits auf der Straße. Der junge Mann wurde von Gewissensbissen gepeinigt. Er hob den Blick zu dem erleuchteten Fenster, dem großen leblosen Auge im stillen Haus. Das Auge schloß sich. Die Tochter der alten kranken Frau sagte zum jungen Mann: «Sie löscht immer das Licht, wenn sie allein ist. Sie liebt es, im Dunkeln zu sitzen.»

Der alte Mann frohlockte, zog die Brauen zusammen, bewegte einen lehrhaften Zeigefinger. Er sagte: «Mir gab mein Vater fünf Francs von meinem Wochenlohn; mit diesem Taschengeld mußte ich bis zum folgenden Samstag auskommen. Und ich brachte es noch fertig, Geld auf die Seite zu legen. Um meine Braut zu besuchen, marschierte ich acht Kilometer über Land, vier hin und vier zurück. Nein, nein, ihr könnt mir glauben, die Jugend von heute versteht es nicht mehr, sich zu amüsieren.» Sie saßen um einen runden Tisch; drei waren jung, er war alt. Er erzählte seine mageren Erlebnisse: aufgebauschte Nichtigkeiten, müde Verzichte, die er wie Siege feierte. Er schaltete keine Pausen ein, und da er es eilig hatte, alles zu sagen, bevor er allein gelassen wurde, wählte er aus seiner Vergangenheit aus, was ihm geeignet schien, seine Zuhörer zu fesseln. Zuhörer zu finden war sein einziges Laster; er weigerte sich, die Ironie der Blicke und die spöttische Schroffheit zu bemerken, mit der sie ihn bedachten. Für sie war er der Greis, zu dessen Zeit bekanntlich alles zum besten bestellt war, während er glaubte, der geachtete Ahne zu sein, dessen Erfahrung etwas gilt. Die Jungen wissen nicht, daß die Erfahrung eine Niederlage ist und daß man alles verlieren muß, um ein Geringes an Erkenntnis zu gewinnen. Er hatte gelitten. Davon sagte er nichts. Glücklich scheinen macht einen besseren Eindruck. Und ob er mit dieser Auffassung auch unrecht haben mochte, er hätte doch einen noch schlimmeren Fehler begangen, wenn er im Gegenteil mit seinem Unglück hätte Mitleid erregen wollen. Was bedeuten schon die Leiden eines alten Mannes, wenn man vom Leben völlig in Anspruch genommen wird? Er redete und redete und berauschte sich am Grau seiner klanglos gewordenen Stimme. Aber es konnte nicht ewig so weitergehen. Sein Vergnügen setzte ein Ende voraus, und die Aufmerksamkeit seiner Zuhörer war am Erlahmen. Er war nicht einmal mehr unterhaltsam, er war alt. Und die Jungen lieben das Billardspiel und die Karten, die Abwechslung bringen in die stumpfsinnige Arbeit eines jeden Tages.

Bald blieb er allein, trotz der Anstrengungen und der Lügen, mit denen er seine Erzählung spannender gestalten wollte. Rücksichtslos waren die Jungen gegangen. Wieder allein. Nicht mehr angehört werden: das ist das Schreckliche, wenn man alt ist. Man verurteilte ihn zum Schweigen und zur Einsamkeit. Man bedeutete ihm, daß er bald sterben mußte. Und ein alter Mann, der bald stirbt, ist unnütz, sogar lästig und störend. Soll er machen, daß er fortkommt. Oder zumindest den Mund halten, das gebietet die einfachste Rücksicht. Er aber leidet, weil er nicht den Mund halten kann, ohne zu denken, daß er alt ist. Indessen stand er doch auf und ging hinaus, nachdem er allen in der Runde zugelächelt hatte. Aber er begegnete nur gleichmütigen Gesichtern oder dann einer Fröhlichkeit, an der teilzuhaben er kein Recht besaß. Ein Mann lachte: «Natürlich ist sie alt, meinetwegen, aber die besten Suppen werden manchmal in alten Töpfen gekocht!» Ein anderer, schon etwas ernsthafter: «Wir sind keine reichen Leute, doch am Essen wird nicht gespart. Mein Enkel zum Beispiel ißt mehr als sein

Vater. Sein Vater vertilgt ein Pfund Brot, er jedoch macht's nicht unter einem Kilo! Und ran an die Wurst, ran an den Käse! Wenn er fertig ist, grunzt er manchmal befriedigt, und dann ißt er weiter.» Der Alte entfernte sich. Und mit dem ihm eigenen bedächtigen Schritt, dem gemessenen Schritt eines Lastesels, folgte er den langen, von Menschen wimmelnden Gehsteigen. Er fühlte sich nicht wohl und wollte nach Hause gehen. Für gewöhnlich kehrte er ganz gern zum Tisch, zur Petroleumlampe und zu den Tellern zurück, wo seine Finger von selber ihren Platz fanden. Er liebte auch das schweigsame Mahl, die ihm gegenübersitzende Alte, die ausführlich gekauten Bissen, den leeren Kopf, die starren blicklosen Augen. Heute würde er später heimkehren. Dann stand das Essen kalt auf dem Tisch, die Alte war zu Bett gegangen, ohne sich Sorgen zu machen, denn sie kannte seine unberechenbaren Verspätungen. Sie pflegte festzustellen: «Er hat seine Tour», und damit war alles gesagt.

Nun ging er dahin in der sanften Starrköpfigkeit seines Schrittes. Er war allein und alt. Am Ende eines Lebens ist das Alter wie ein ständiges Würgen im Hals. Alles läuft darauf hinaus, daß man nicht mehr angehört wird. Er geht vorwärts, biegt um eine Straßenecke, stolpert und fällt beinahe hin. Ich habe es gesehen. Es ist lächerlich, aber es ist so. Er zieht trotz allem die Straße jenen Stunden vor, da das Fieber ihm zu Hause die alte Frau verbirgt und ihn in sein Zimmer verbannt. Dann öffnet sich bisweilen die Tür ganz langsam und bleibt einen Augenblick halb offen stehen. Ein Mann tritt ein. Er trägt einen hellen Anzug, setzt sich dem Greis gegenüber und schweigt während endloser Minuten. Er verharrt unbeweglich wie die eben noch offene Tür. Von Zeit zu Zeit fährt er sich mit der Hand durch das Haar und seufzt leise. Nachdem er den alten Mann lange mit einem unverändert traurigen Blick betrachtet hat, entfernt er sich lautlos. Hinter ihm fällt die Tür hart ins Schloß, und von Grauen erfüllt, mit einer ätzenden, schmerzhaften Angst im Leib, bleibt der Alte allein. Auf der Straße jedoch ist er nie allein, so wenig Menschen auch unterwegs sein mögen. Das Fieber summt in ihm. Sein kurzer Schritt beschleunigt sich: morgen wird alles anders, morgen. Plötzlich merkt er, daß morgen nichts anders sein wird, übermorgen auch nicht und alle anderen Tage nicht. Und diese unwiderrufliche Entdeckung drückt ihn zu Boden. Solche Gedanken treiben einen in den Tod. Um sie nicht ertragen zu müssen, bringt man sich um — oder macht Phrasen daraus, wenn man jung ist.

Alt, verrückt, betrunken — man weiß es nicht. Sein Ende wird würdig, rührend, bewundernswert sein. Er wird in Schönheit sterben, will sagen unter Schmerzen. Das ist immerhin ein Trost. Und wohin sollte er übrigens gehen? Er ist auf immer alt. Die Menschen bauen auf ihr kommendes Alter. Diesem von unwiderruflichen Gewißheiten bestürmten Alter wollen sie die Muße verleihen, die sie wehrlos macht. Sie wollen Vorarbeiter sein, um sich in ein kleines Häuschen zurückziehen zu können. Aber sobald sie einmal im Alter drin stecken, wissen sie genau, daß das falsch ist. Sie brauchen die anderen Menschen, um sich zu schützen. Und er hatte es nötig, daß man ihm zuhörte, um an sein Leben zu glauben. Jetzt waren die Straßen dunkler und weniger belebt. Noch zogen Stimmen vorbei. Im seltsamen Frieden des Abends tönten sie feierlich. Hinter den Hügeln, die die Stadt umschlossen, stand noch die letzte Helle des Tages. Eine mächtige, unerklärliche Rauchfahne tauchte hinter den waldigen Kämmen auf. Langsam erhob sie sich und stufte sich empor wie eine Tanne. Der Alte schloß die Augen. Angesichts des Lebens, das das Grollen der Stadt mit sich forttrug, und des blöden, gleichgültigen Lächelns des Himmels war er allein, hilflos, nackt, bereits tot.

Ist es nötig, die Kehrseite dieser edlen Medaille zu beschreiben? Zweifellos deckte in einem schmutzigen, finsteren Zimmer die Alte den Tisch, setzte sich hin, als das Essen fertig war, schaute auf die Uhr, wartete noch ein bißchen und fing dann mit gutem Appetit zu essen an. «Er hat seine Tour», stellte sie fest. Und damit war alles gesagt.

Sie lebten zu fünft: die Großmutter, ihr jüngster Sohn, ihre älteste Tochter und deren zwei Kinder. Der Sohn war beinahe stumm; der gebrechlichen Tochter fiel das Denken schwer, und von den beiden Jungen arbeitete der ältere bereits in einer Versicherungsgesellschaft, während der jüngere noch zur Schule ging. Die siebzigjährige Großmutter herrschte über die ganze Familie. Über ihrem Bett hing ein fünf Jahre altes Bild von ihr, das sie in einem schwarzen, am Hals mit einer Brosche geschlossenen Kleid zeigte, ohne eine Runzel, mit riesengroßen, hellen, kühlen Augen und in jener sehr aufrechten, königlichen Haltung, die ihr erst mit zunehmendem Alter abhanden kam und die sie manchmal auf der Straße wiederzugewinnen suchte.

Diesen hellen Augen verdankte ihr Enkel eine Erinnerung, die ihm jedesmal die Röte in die Wangen trieb. Die alte Frau wartete, bis Besuch da war, um ihn dann mit streng auf ihn geheftetem Blick zu fragen: «Wen hast du lieber, deine Mutter oder deine Großmutter?» Das Spiel hatte noch mehr Reiz, wenn die Tochter selber zugegen war. Denn der Junge antwortete unweigerlich:

«Meine Großmutter», und empfand dabei in seinem Herzen ein großes Aufwallen von Liebe zu jener Mutter, die nie etwas sagte. Es kam höchstens vor, daß sie dem über diese Vorliebe verwunderten Besucher erklärte: «Sie hat ihn eben aufgezogen.»

Denn die alte Frau glaubte, Liebe sei etwas, das man fordern könne. Ihre Überzeugung, eine gute Familienmutter zu sein, verlieh ihr eine gewisse Starre und Unduldsamkeit. Sie war ihrem Mann nie untreu gewesen und hatte ihm neun Kinder geboren. Voll Tatkraft hatte sie nach seinem Tod ihre Familie durchgebracht. Sie hatten ihren Hof vor der Stadt verlassen und waren in einem armen Altstadtviertel gelandet, wo sie nun schon seit langem lebten.

Und zweifellos fehlte es dieser Frau nicht an guten Eigenschaften. Aber in den Augen ihrer Enkel, die sich im Alter der unbedingten Urteile befanden, war sie bloß eine Komödiantin. So hatten sie von einem ihrer Onkel eine bezeichnende Begebenheit erfahren. Als dieser Onkel einmal kam, um seiner Schwiegermutter einen Besuch abzustatten, erblickte er sie von weitem untätig am Fenster. Sie empfing ihn jedoch mit einem Scheuerlappen in der Hand und setzte unter Entschuldigungen ihre Arbeit fort, denn der Haushalt lasse ihr keine freie Minute. Und es muß zugegeben werden, daß dieses Verhalten typisch war. Am Schluß einer Familiendiskussion konnte sie ohne weiteres in Ohnmacht fallen. Sie litt auch an einer Leberkrankheit, die mit schmerzhaftem Erbrechen verbunden war. Aber sie ließ es im Kranksein an jeglicher Zurückhaltung fehlen. Anstatt sich zurückzuziehen, blieb sie in der Küche und übergab sich geräuschvoll in den Mülleimer. Und wenn sie dann bleich und mit Tränen der Anstrengung in den Augen an den Tisch zurückkehrte und man sie bat, sich doch hinzulegen, erinnerte sie an das Geschirr, das auf sie wartete, und an ihre Unersetzlichkeit in der Führung des Haushalts. «Schließlich mache ich ja alles in diesem Haus.» Oder: «Was würde aus euch, wenn ich nicht mehr da wäre!»

Die Kinder gewöhnten sich an, ihr Erbrechen, ihre «Anfälle», wie sie sagte, so wenig zu beachten wie ihr Gejammer. Eines Tages legte sie sich ins Bett und verlangte nach dem Arzt. Ihr zu Gefallen ließ man ihn kommen. Am ersten Tag stellte er bloß ein Unwohlsein fest, am zweiten einen Leberkrebs und am dritten eine schwere Gelbsucht. Der jüngere der beiden Enkel versteifte sich jedoch darauf, in dieser Krankheit nur ein neues Theater, ein noch geschickteres Simulieren zu sehen. Er war nicht beunruhigt. Diese Frau hatte ihn zu sehr unter der Knute gehalten, als daß er die Dinge im vornherein schwarz gesehen hätte. Und in der Klarsicht und dem Nichtliebenwollen steckt eine Art verzweifelter Mut. Aber wenn man eine Krankheit lange genug spielt, kann man sie tatsächlich bekommen; die Großmutter trieb das Simulieren bis zum Sterben. Am letzten Tag befreite sie sich im Beisein ihrer Kinder von den Gärstoffen in ihrem Leib. Voll Schlichtheit wandte sie sich an ihren Enkel und sagte: «Siehst du, ich furze wie ein Ferkel.» Eine Stunde später war sie tot.

Der Enkel, das merkte er jetzt wohl, hatte von allem nichts begriffen. Er konnte nicht loskommen von dem Gedanken, daß diese Frau ihm das letzte und ungeheuerlichste Theater vorgespielt hatte. Und wenn er in sich ging, um seinen Schmerz zu erforschen, fand er ihn nicht. Erst am Tag der Beerdigung weinte auch er, angesteckt vom allgemeinen Tränenausbruch; aber er fürchtete, nicht aufrichtig zu sein und angesichts des Todes zu heucheln. Es war ein schöner, sonniger Wintertag. Am blauen Himmel ahnte man die gelbgesprenkelte Kälte. Der Friedhof lag oberhalb der Stadt, und man sah eine prächtige, durchsichtige Sonne sich wie eine feuchte Lippe auf die lichtzitternde Bucht senken.

Das alles ist unvereinbar? Welche Entdeckung! Eine Frau, die man allein läßt, um ins Kino zu gehen; ein alter Mann, dem man nicht mehr zuhört; ein Tod, der nichts gutmacht, und auf der anderen Seite alles Licht der Welt. Was tut's, wenn man alles annimmt? Es handelt sich um drei gleichartige und doch verschiedene Schicksale. Tod für alle, aber jedem sein eigener Tod. Schließlich wärmt die Sonne trotzdem unsere Knochen.

ZWISCHEN JA UND NEIN

WENN ES WAHR IST, daß es nur verlorene Paradiese gibt, weiß ich, wie ich das irgendwie Zärtliche und Unmenschliche benennen muß, das mich heute erfüllt. Ein Auswanderer kehrt in seine Heimat zurück. Und ich — ich erinnere mich. Ironie, Selbstverhärtung, alles wird still, und nun bin ich heimgekehrt. Ich will nicht in vergangenem Glück schwelgen. Es ist viel einfacher und viel leichter. Denn aus jenen Stunden, die ich aus der Tiefe des Vergessens in mir aufsteigen lasse, ist mir vor allem die unversehrte Erinnerung an eine reine Empfindung erhalten geblieben, an einen in der Zeitlosigkeit schwebenden Augenblick. Das ist die einzige Wahrheit, die ich besitze, und ich werde mir ihrer immer zu spät bewußt. Wir lieben die Eigenart einer Gebärde, das Eingefügtsein eines Baumes in die Landschaft. Und um all diese Liebe wieder aufleben zu lassen, steht uns bloß eine Einzelheit zu Gebote, doch sie genügt: der Geruch eines zu lange verschlossenen Zimmers, der besondere Klang eines Schritts auf der Straße. Nicht anders steht es mit mir. Und wenn ich mich damals liebend selbst hingab, so war ich doch endlich ich selbst, da uns allein die Liebe uns selbst zu schenken vermag.

Gemessen, friedvoll und ernst kehren jene Stunden zurück, unverändert eindrücklich, unverändert aufwühlend — weil es Abend ist, eine Stunde der Traurigkeit, und weil am lichtlosen Himmel eine unbestimmte Sehnsucht steht. Jede wiedergefundene Bewegung enthüllt mich mir selbst. Jemand sagte mir einmal: «Es ist so schwer, zu leben.» Und ich höre den Tonfall noch jetzt. Ein anderes Mal flüsterte jemand: «Der schlimmste aller Irrtümer ist immer noch, Leiden zuzufügen.» Wenn alles vorbei ist, erlischt der Lebenshunger. Ist es das, was man Glück nennt? Während wir diesen Erinnerungen nachgehen, kleiden wir alles in dasselbe unauffällige Gewand, und der Tod erscheint uns wie ein Hintergrund mit verblichenen Farben. Wir verfolgen unsere eigene Spur zurück. Wir fühlen unsere Not, und sie lehrt uns, besser zu lieben. Ja, vielleicht ist das eben das Glück, dieses mitleidige Wissen um unser Unglück.

So ergeht es mir auch heute abend. In dem maurischen Café am Rande des arabischen Viertels erinnere ich mich nicht an ein vergangenes Glück, sondern an ein seltsames Gefühl. Schon ist es Nacht. An den Wänden jagen kanariengelbe Löwen zwischen fünffächerigen Palmen grüngekleideten Scheichen nach. In einer Ecke des Cafés verbreitet eine Karbidlampe ein flackerndes Licht. Die eigentliche Beleuchtung hat ihre Quelle im Feuer, das in dem kleinen, mit grünem und gelbem Email verzierten Herd brennt. Die Flamme erhellt die Mitte des Raums, und ich spüre ihren Widerschein auf meinem Gesicht. Ich sitze der Tür und der Bucht gegenüber. In einem Winkel kauert der Besitzer des Cafés und scheint mein leerstehendes Glas mit dem am Boden klebenden Minzenblatt zu betrachten. Keine Gäste im Lokal; tiefer unten die Geräusche der Stadt, etwas weiter entfernt Lichter über der Bucht. Ich höre das schwere Atmen des Arabers, seine Augen blitzen im Halbdunkel. Und aus der Ferne — ist es das Rauschen des Meeres? — strömt mir in gedehntem Rhythmus der Hauch der Welt entgegen und bringt mir die Gleichgültigkeit und die Ruhe des Unvergänglichen. Im breit aufzuckenden roten Widerschein geraten die Löwen an den Wänden in Bewegung. Es wird kühl. Eine Sirene auf dem Meer. Die Leuchtfeuer beginnen zu kreisen: grün, rot, weiß. Und unablässig dieses tiefe Atmen der Welt. Eine Art heimliches Lied entspringt dieser Gleichgültigkeit. Und nun bin ich heimgekehrt. Ich denke an einen kleinen Jungen, der in einem Armenviertel lebte. Dieses Viertel, dieses Haus! Es besaß nur ein Stockwerk, und auf der Treppe gab es kein Licht. Noch heute, nach langen Jahren, vermöchte er in dunkler Nacht dorthin zurückzukehren. Er weiß, daß er die Treppe in Windeseile hinaufstürmen könnte, ohne ein einziges Mal zu straucheln. Sein ganzer Körper ist von diesem Haus durchtränkt. Seine Beine tragen noch die genaue Höhe der Stufen in sich und seine Hände das instinktive, nie überwundene Grauen vor dem Treppengeländer. Daran waren die Schaben schuld.

An den Sommerabenden setzen die Arbeiter sich auf ihren Balkon. Bei ihm gab es nur ein winziges Fenster. Sie trugen Stühle vor das Haus, um den Abend zu genießen. Da war die Straße mit den Eisverkäufern nebenan, den Cafés gegenüber, dem Lärmen der von Tür zu Tür rennenden Kinder. Aber da war vor allem zwischen den Ficusbäumen der Himmel. In der Armut liegt eine Einsamkeit, die jedem Ding seinen Wert verleiht. Von einem gewissen Grad des Reichtums an scheinen sogar der Himmel und die sternenübersäte Nacht selbstverständliche Güter. Auf der untersten Sprosse der Leiter jedoch gewinnt der Himmel wieder seinen ungeschmälerten Sinn: er ist eine köstliche Gnade. Sommernächte, unerforschliche Geheimnisse, in denen Sterne aufsprühten! Hinter dem Jungen lag ein stinkender Gang, und sein Stühlchen mit dem eingebrochenen Sitz sackte ein wenig unter ihm ab. Aber mit erhobenen Augen schlürfte er die reine Nacht. Zuweilen fuhr eine Straßenbahn vorbei, geräumig und schnell. Und schließlich sang ein Betrunkener an einer Straßenecke vor sich hin, ohne das Schweigen stören zu können.

Die Mutter des Jungen verharrte ebenfalls schweigend. Es kam vor, daß sie gefragt wurde: «Woran denkst du?» — «An nichts», antwortete sie. Und das stimmte wohl. Alles ist da, also nichts. Ihr Leben, ihre Anliegen, ihre Kinder begnügen sich damit, da zu sein, mit einer zu selbstverständlichen Anwesenheit, als daß sie noch empfunden würde. Sie war gebrechlich, das Denken bereitete ihr Mühe. Sie hatte eine strenge, herrschsüchtige Mutter, die alles ihrer triebhaften überempfindlichen Eigenliebe opferte und den schwachen Geist ihrer Tochter lange bevormundet hatte. Die Ehe hatte sie freigemacht, aber nach dem Tode ihres Mannes war sie fügsam ins Joch zurückgekehrt. Er war auf dem Feld der Ehre gefallen, wie man zu sagen pflegt. An gut sichtbarer Stelle kann man in einem vergoldeten Rahmen seine militärischen Auszeichnungen und Orden sehen. Das Lazarett hat der Witwe auch noch einen kleinen Granatsplitter geschickt, der in seinem zerfetzten Körper gefunden worden war. Die Witwe hat ihn aufbewahrt. Sie empfindet schon lange keinen Kummer mehr. Sie hat ihren Mann vergessen, aber sie spricht noch vom Vater ihrer Kinder. Um sie durchzubringen, arbeitet sie und gibt ihren Verdienst der Mutter ab. Diese erzieht die Kinder mit der Peitsche. Wenn sie zu heftig dreinschlägt, sagt ihre Tochter: «Nicht auf den Kopf.» Sie hat sie lieb, weil es ihre Kinder sind. Sie liebt sie mit einer unparteilichen Liebe, die sich ihnen nie offenbart hat. An gewissen Abenden, an die er sich erinnert, findet sie bei der Heimkehr von ihrer schweren Arbeit (sie ist Scheuerfrau) das Haus leer. Die Alte besorgt Einkäufe, die Kinder sind noch in der Schule. Dann sinkt sie auf einem Stuhl in sich zusammen und verliert sich mit blicklosen Augen in der verzweifelten Verfolgung einer Fuge im Parkett. Rings um sie verdichtet sich die Nacht, in der diese Stummheit eine unheilbare Trostlosigkeit gewinnt. Wenn der Junge in diesem Augenblick eintritt, erkennt er die schmale Gestalt mit den knochigen Schultern und bleibt stehen: er hat Angst. Er beginnt viele Dinge zu erfühlen. Er ist sich seines eigenen Seins noch kaum bewußt geworden. Aber dieses kreatürliche Schweigen tut ihm so weh, daß er weinen möchte. Er hat Mitleid mit seiner Mutter — heißt das, daß er sie liebt? Sie hat ihn nie liebkost, sie wußte gar nicht, wie. So verharrt er lange Minuten reglos und betrachtet sie. Indem er sich fremd fühlt, wird er sich seines Kummers bewußt. Sie hört ihn nicht, denn sie ist taub. Gleich wird die Alte heimkommen und das Leben wieder erwachen: das runde Licht der Petroleumlampe, das Wachstuch, das Gekeif, die Schimpfworte. Jetzt aber ist dieses Schweigen wie ein Stillstehen der Zeit, ein Augenblick ohne Maß. Weil der Junge das verschwommen spürt, glaubt er in dem Gefühl, das in ihm aufwallt, Liebe zu seiner Mutter zu entdecken. Und das soll auch so sein, denn schließlich ist sie ja seine Mutter.

Sie denkt an nichts. Draußen Licht und Lärm, hier Stille und Dunkel. Der Junge wird heranwachsen, lernen. Man zieht ihn groß und wird Dankbarkeit von ihm fordern, als ersparte man ihm den Schmerz. Seine Mutter wird immer schweigsam bleiben. Er indessen wird fortschreiten im Schmerz. Ein Mann sein, darauf kommt es an. Seine Großmutter wird sterben, dann seine Mutter, er selbst.

Seine Mutter ist zusammengefahren. Er hat sie erschreckt. Wie dumm er dasteht und sie anschaut! Er soll seine Aufgaben machen. Der Junge hat seine Aufgaben gemacht. Heute sitzt er in einer schmierigen Kneipe. Er ist jetzt ein Mann. Darauf kommt es doch an? Offenbar nicht, da das Erfüllen der Aufgaben und das Einwilligen in das Mannsein nur zum Altwerden führen.

Der Araber hockt immer noch in seinem Winkel und hält mit den Händen seine Füße. Von den Terrassen steigt mit dem lebhaften Plaudern junger Stimmen ein Geruch nach geröstetem Kaffee empor. Ein Schlepper läßt wieder seinen schwermütigen, warmen Ruf ertönen. Die Welt geht hier zu Ende, wie jeden Tag, und von all ihrer Drangsal ohne Maß bleibt nichts übrig als diese Verheißung des Friedens. Die Gleichgültigkeit dieser merkwürdigen Mutter! Nur die unermeßliche Einsamkeit der Welt erlaubt mir, sie zu ermessen. Eines Abends war ihr nun schon großer Sohn zu ihr gerufen worden. Ein jäher Schrecken hatte ein schweres Nervenfieber ausgelöst. Ihrer Gewohnheit folgend, hatte sie sich nach Feierabend ans Fenster gesetzt. Sie pflegte ihren Stuhl nahe an die Brüstung zu rücken, auf deren kaltes, salzig schmeckendes Eisen sie ihre Lippen preßte. So schaute sie den Vorübergehenden zu. In ihrem Rücken verdichtete sich allmählich das Dunkel, während die Geschäfte ihr gegenüber plötzlich hell wurden. Die Straße füllte sich mit Menschen und Lichtern. In ziellosem Schauen verlor sich ihr Blick darin. An jenem Abend nun war auf einmal ein Mann hinter ihr aufgetaucht, hatte sie zu Boden gerissen und mißhandelt und war dann entflohen, als er Lärm hörte. Sie hatte nichts gesehen und war ohnmächtig geworden. Als ihr Sohn eintraf, lag sie im Bett. Auf Anraten des Arztes beschloß er, die Nacht über bei ihr zu bleiben. Er legte sich neben ihr auf die Decken. Es war Sommer. Die eben erst durchgestandene Angst hing noch im überhitzten Zimmer. Schritte scharrten und Türen kreischten. In der drückenden Luft schwebte der Geruch des Essigs, mit dem man der Kranken Kühlung verschafft hatte. Sie warf sich unruhig hin und her, stöhnte, fuhr zuweilen unvermittelt auf. Dann riß sie ihn jedesmal aus dem kurzen Halbschlummer, aus dem er schweißgebadet auftauchte, sogleich voll Wachsamkeit, und in den er nach einem Blick auf die Uhr mit dem dreifachen, tanzenden Spiegelbild des Nachtlichts wie gefällt zurücksank. Viel später erst wurde ihm ganz bewußt, wie allein sie in jener Nacht gewesen waren. Allein gegen alle. Die «anderen» schliefen, während sie beide Fieber atmeten. Alles schien hohl in dem alten Haus. Um Mitternacht entführten die letzten Straßenbahnen alle Hoffnung, die uns von den Menschen kommt, alle Gewißheiten, die uns die Geräusche der Stadt gewähren. Das Haus widerhallte noch von ihrem Vorüberrollen, dann wurde nach und nach alles stumm. Es blieb nichts als ein großer Garten des Schweigens, in dem bisweilen das angstvolle Stöhnen der Kranken aufsproß. Er hatte sich noch nie so verloren gefühlt. Die Welt hatte sich aufgelöst und mit ihr die Illusion, daß Leben jeden Tag neu beginnt. Alles war ausgelöscht, Studium und Ehrgeiz, Leibgerichte und Lieblingsfarben. Alles außer der Krankheit und dem Tod, von denen er sich umgeben fühlte... Und doch lebte er — im Augenblick, da die Welt zusammenbrach. Ja, er war schließlich sogar eingeschlafen, indessen nicht ohne das trostlose und zärtliche Bild einer zweisamen Einsamkeit mit in den Schlaf zu nehmen. Später, sehr viel später sollte er sich an diesen aus Schweiß und Essig gemischten Geruch erinnern, an diesen Augenblick, da er die zwischen ihm und seiner Mutter bestehenden Bande spürte. Als verkörperte sie das unendliche Mitleid seines Herzens, das sich rings um ihn ausbreitete, Gestalt annahm und voll Beflissenheit, unbekümmert um den Betrug, die Rolle einer armen alten Frau mit einem erschütternden Schicksal spielte.

Nun überzieht sich das Feuer im Herd mit Asche. Und immer noch vernimmt man das Atmen der Erde. Eine dreisaitige Gitarre läßt ihren perlenden Singsang ertönen. Eine lachende Frauenstimme mischt sich dazu. Lichter nähern sich in der Bucht — die Fischerboote vermutlich, die in den kleinen Hafen zurückkehren. Aus dem dreieckigen Stück Himmel, das ich von meinem Platz aus erblicke, ist alles Gewölk des Tages verschwunden. Von Sternen überquellend, erbebt er in einem reinen Hauch, und rings um mich regen sich langsam die leisen Schwingen der Nacht. Wie weit wird diese Nacht führen, in der ich nicht mehr mir selbst gehöre? Es liegt eine gefährliche Kraft in dem Wort Einfachheit. Und heute abend begreife ich, daß einen danach verlangen kann, zu sterben, weil gemessen an einer gewissen Durchsichtigkeit des Lebens alles belanglos ist. Ein Mann leidet und erlebt Unglück über Unglück. Er nimmt alles auf sich, schickt sich in sein Los. Er wird von jedermann geachtet. Und dann, eines Abends, eine Nichtigkeit: er begegnet einem Freund, den er sehr geliebt hat. Dieser sagt ihm ein paar zerstreute Worte. Beim Nachhausekommen nimmt der Mann sich das Leben. Liebeskummer und geheime Tragik, heißt es dann. Nein. Und wenn denn unbedingt ein Grund gefunden werden muß, so hat er sich das Leben genommen, weil ein Freund ihm ein paar zerstreute Worte gesagt hat. So hat mich jedesmal, wenn ich den tiefen Sinn der Welt zu erfühlen glaubte, vor allem ihre Einfachheit erschüttert. Heute abend meine Mutter und ihre sonderbare Gleichgültigkeit. Ein anderes Mal wohnte ich in einem Haus außerhalb der Stadt, allein mit einem Hund, zwei Katzen und ihren Jungen, die alle schwarz waren. Die Katzenmutter vermochte sie nicht zu ernähren. Die Jungen starben eines nach dem anderen. Sie füllten ihren Raum mit Unrat. Und jeden Tag fand ich beim Heimkommen wieder eines ganz steif, mit hochgezogenen Lefzen. Eines Abends entdeckte ich das letzte schon halb von seiner Mutter aufgefressen. Es stank bereits. Der Geruch der Verwesung vermischte sich mit dem des Urins. Da setzte ich mich mitten in all dieses Elend, ließ meine Hände in den Schmutz sinken, atmete den Fäulnisgeruch ein und betrachtete lange das irre Funkeln, das in den grünen Augen der unbeweglich in einem Winkel kauernden Katze brannte. Ja. Genauso ist es auch heute abend. Wenn ein gewisser Grad der Not erreicht ist, führt nicht mehr zu nichts mehr, weder Hoffnung noch Verzweiflung scheinen begründet, und das ganze Leben erschöpft sich in einem Bild. Aber warum dabei stehenbleiben? Einfach — alles ist einfach im wechselnden Lichtstrahl des Leuchtturms, grün, rot, weiß; in der Kühle der Nacht und den Gerüchen der Stadt und des Elends, die bis zu mir heraufdringen. Wenn es heute abend das Bild einer bestimmten Kindheit ist, das zu mir zurückkehrt, wie sollte ich da nicht die Lehre von Liebe und Armut annehmen, die ich daraus ziehen kann? Da doch diese Stunde gleichsam eine Pause ist zwischen ja und nein, verspare ich auf andere Stunden die Hoffnung oder den Abscheu vor dem Leben. Ja, einzig die Durchsichtigkeit und Einfachheit der verlorenen Paradiese fassen: in ein Bild. So hat vor noch nicht langer Zeit in einem Haus der Altstadt ein Sohn seine Mutter besucht. Sie sitzen einander schweigend gegenüber. Aber ihre Blicke begegnen sich.

«Nun, Mama.»

«Nun, eben.»

«Langweilst du dich? Ich bin nicht sehr gesprächig?»

«Ach, das warst du nie.»

Und ein schönes, lippenloses Lächeln zergeht auf ihrem Gesicht. Es stimmt, er hat nie mit ihr gesprochen. Wozu auch, genau genommen? Im Schweigen wird alles klar. Er ist der Sohn, sie ist seine Mutter. Sie kann zu ihm sagen: «Du weißt.»

Sie sitzt am Fußende des Ruhebetts, mit geschlossenen Füßen und im Schoß gefalteten Händen. Er sitzt auf einem Stuhl, schaut sie kaum an und raucht ununterbrochen. Schweigen.

«Du sollst nicht so viel rauchen.»

«Du hast recht.»

Alle Ausdünstungen des Viertels dringen durch das Fenster. Die Ziehharmonika im Café nebenan, der abendliche, hastige Verkehr, der Geruch nach dem an kleinen Spießen bratenden Fleisch, das in ledrige Brötchen gepreßt verzehrt wird, ein Kind, das auf der Straße weint. Die Mutter steht auf und nimmt eine Strickarbeit zur Hand. Ihre steifen Finger sind von der Gicht verkrümmt. Sie arbeitet nicht schnell, nimmt dreimal die gleiche Masche in Angriff oder zieht mit dumpfem Rascheln eine ganze Nadel auf.

«Das gibt eine kleine Weste. Ich werde einen weißen Kragen aufnähen. Das und mein schwarzer Mantel — damit bin ich für die nächste Zeit versorgt.»

Sie hat sich erhoben, um Licht zu machen.

«Es wird früh Nacht jetzt.»

Das stimmte. Es war nicht mehr Sommer und noch nicht Herbst. Noch zwitscherten Mauersegler am milden Himmel.

«Kommst du bald wieder?»

«Ich bin ja noch gar nicht fort. Warum fragst du das?»

«Einfach so, um etwas zu sagen.»

Eine Straßenbahn fährt vorbei. Ein Auto.

«Ist es wahr, daß ich meinem Vater gleiche?»

«O ja, aufs Haar. Du hast ihn natürlich nicht gekannt. Du warst sechs Monate alt, als er fiel. Aber wenn du ein Schnäuzchen trügest!»

Er hat ohne Anteilnahme von seinem Vater gesprochen. Keine Erinnerung, kein Gefühl. Ein Mann wie tausend andere, ohne Zweifel. Übrigens war er voll Begeisterung ins Feld gezogen. Marne; offener Schädel. Blind, eine Woche lang Ringen mit dem Tod; eingemeißelt in das Gefallenendenkmal seiner Heimatgemeinde.

«Genau besehen ist es besser so», sagte sie. «Er wäre blind zurückgekommen oder verrückt, der Ärmste. In dem Fall . . .»

«Du hast recht.»

Und was hält ihn denn in diesem Zimmer zurück, wenn nicht die Gewißheit, daß es so immer besser ist, wenn nicht das Gefühl, daß die ganze absurde Einfachheit der Welt in diesem Raum Zuflucht gefunden hat?

«Kommst du wieder?» fragte sie. «Ich weiß, daß du viel Arbeit hast. Nur — von Zeit zu Zeit . . .»

Aber wo bin ich im gegenwärtigen Augenblick? Und wie soll ich dieses öde Café von jenem Zimmer der Vergangenheit trennen? Ich weiß nicht mehr, ob ich lebe oder ob ich mich erinnere. Die Lichter des Leuchtturms sind da. Und auch der Araber, der jetzt vor mir steht und mir sagt, daß er gleich schließen wird. Ich muß gehen. Ich will diesem so gefährlichen Hang nicht mehr folgen. Freilich betrachte ich ein letztes Mal die Bucht und ihre Lichter, freilich ist das, was nun zu mir heraufdringt, nicht die Hoffnung auf bessere Zeiten, sondern eine abgeklärte, ursprüngliche Gleichgültigkeit allem, auch mir selbst gegenüber. Doch es gilt, sich von dieser zu weichen, zu einlullenden Melodie zu befreien. Und ich brauche einen klaren Kopf. Ja, alles ist einfach. Die Menschen sind es, die die Verwicklungen schaffen. Man soll uns da nichts vormachen. Man soll von dem zum Tode Verurteilten nicht sagen: «Er wird seine Schuld gegenüber der Gesellschaft sühnen», sondern: «Man wird ihm den Kopf abhauen.» Das sieht nach nichts aus. Aber es ist doch ein kleiner Unterschied. Und zudem gibt es Leute, die es vorziehen, ihrem Schicksal in die Augen zu blicken.

TOD IM HERZEN

Ich kam um sechs Uhr abends in Prag an. Ungesäumt brachte ich meinen Koffer in die Gepäckaufbewahrung. Ich hatte noch zwei Stunden vor mir, um ein Hotel zu finden. Und ein eigenartiges Gefühl von Freiheit beschwingte mich, weil meine Koffer nicht mehr an meinen Armen zogen. Ich trat aus dem Bahnhof, ging Gärten entlang und befand mich auf einmal in der Wenzelstraße mitten in dem um diese Tageszeit dichten Gedränge. Ich war von einer Million Menschen umgeben, die schon vor meiner Ankunft gelebt hatten, von deren Dasein jedoch nichts bis zu mir gedrungen war. Sie lebten. Ich war Tausende von Kilometern von der Heimat entfernt. Ich verstand ihre Sprache nicht. Sie schritten alle rasch aus. Und indem sie mich überholten, lösten sie sich alle von mir ab. Ich verlor den Boden unter den Füßen.

Ich besaß wenig Geld. Eben genug, um sechs Tage zu leben. Nach Ablauf dieser Frist sollten meine Freunde eintreffen. Indessen überfiel mich auch in dieser Hinsicht Unruhe. Ich machte mich also auf die Suche nach einem anspruchslosen Hotel. Ich befand mich in der Neustadt, und was ich an Hotels fand, barst vor Licht, Lachen und Frauen. Ich beschleunigte den Schritt. Irgend etwas in meinem eiligen Lauf glich bereits einer Flucht. Gegen acht Uhr gelangte ich erschöpft in die Altstadt. Dort gefiel mir ein bescheiden aussehendes Hotel mit einem unauffälligen Eingang. Ich trete ein. Ich fülle mein Anmeldeformular aus, nehme meinen Schlüssel in Empfang. Ich habe Zimmer Nummer 34 im dritten Stock. Ich schließe die Tür auf und stehe in einem äußerst prunkvoll eingerichteten Raum. Ich schaue nach, ob irgendwo ein Preis angeschlagen ist: er beträgt das Doppelte dessen, was ich vorgesehen hatte. Das Geldproblem wird heikel. Um in dieser Großstadt leben zu können, muß ich mich sehr einschränken. Die eben noch unbestimmte Unruhe nimmt Gestalt an. Ich fühle mich unbehaglich, hohl und leer. Einen Augenblick lang kehrt indessen mein klarer Verstand zurück: zu Recht oder zu Unrecht ist mir in Gelddingen immer die größte Gleichgültigkeit nachgesagt worden. Was soll mir diese dumme Besorgnis? Aber schon beginnt der Geist zu arbeiten. Ich muß essen, mich wieder auf den Weg machen, das billige Restaurant suchen. Ich darf für jede Mahlzeit nicht mehr als zehn Kronen ausgeben. Von allen Lokalen, die ich sehe, ist das am wenigsten teure auch das am wenigsten einladende. Immer wieder gehe ich daran vorbei. Drinnen wird man schließlich auf mein sonderbares Gehaben aufmerksam. Ich muß eintreten. Es ist eine ziemlich düstere, mit anmaßenden Fresken ausgemalte Höhle. Gemischtes Publikum. In einer Ecke ein paar Freudenmädchen, die rauchen und ernsthafte Gespräche führen. Männer sitzen am Essen; die meisten sind ohne Alter und ohne Farbe. Der Kellner, ein Koloß in einem speckigen Smoking, streckt mir einen riesigen, ausdruckslosen Kopf entgegen. Da ich von der Speisekarte nichts verstehe, treffe ich eilends auf gut Glück meine Wahl. Aber sie scheint einer Erklärung zu bedürfen. Und der Kellner stellt mir Fragen auf tschechisch. Ich antworte mit den paar Brocken deutsch, die ich kann. Er versteht kein deutsch. Ich werde nervös. Er ruft eines der Mädchen herbei, das sich in typischer Haltung nähert, linke Hand auf der Hüfte, Zigarette in der Rechten, feuchtes Lächeln. Sie setzt sich an meinen Tisch und stellt Fragen in einem Deutsch, das mir ebenso schlecht vorkommt wie meines. Alles klärt sich auf. Der Kellner wollte mir die Spezialität des Hauses rühmen. Ich bin kein Spielverderber und bestelle mir dieses Gericht. Das Mädchen redet auf mich ein, aber ich verstehe nichts mehr. Natürlich sage ich mit meiner überzeugtesten Miene ja. Aber ich bin nicht bei der Sache. Alles geht mir auf die Nerven; mir schwindelt, ich habe keinen Hunger. Aber unablässig diese schmerzende Stelle in mir und dieses Grimmen im Bauch. Ich spendiere ein Bier, weil ich doch weiß, was sich gehört. Das Gericht wird gebracht, ich esse: ein Mischmasch aus Grieß und Fleisch, der durch unwahrscheinliche Mengen Kümmel beinahe ungenießbar gemacht wird. Aber ich denke an etwas anderes oder vielmehr an nichts und schaue starr auf den fetten, lachenden Mund der Frau, die mir gegenübersitzt. Hält sie es für eine Aufforderung? Schon ist sie neben mir, beginnt sich anzuschmiegen. Eine unwillkürliche Bewegung von mir hält sie zurück. (Sie war häßlich. Ich habe mir oft gesagt, daß ich mir alles Folgende erspart hätte, wenn dieses Mädchen schön gewesen wäre.) Ich befürchtete, es könnte mir inmitten dieser lachlustigen Menschen übel werden. Noch mehr fürchtete ich das Alleinsein in meinem Hotelzimmer, ohne Geld, ohne Lebensfreude, einzig auf mich und meine kläglichen Gedanken angewiesen. Ich frage mich noch heute mit einem unbehaglichen Gefühl, wie ich das scheue, feige Wesen, das ich damals besaß, je habe abstreifen können. Ich verließ das Lokal. Ich wanderte durch die Altstadt, aber ich hielt es nicht länger aus, mit mir allein zu sein, und suchte eilends mein Hotel auf, wo ich mich zu Bett legte und auf den Schlaf wartete, der beinahe augenblicklich kam.

Ein Land, in dem ich mich nicht langweile, kann mich nichts lehren. Mit solchen Phrasen versuchte ich mir Mut zu machen. Aber soll ich wirklich die folgenden Tage beschreiben? Ich ging wieder in mein Restaurant. Morgens und abends ließ ich die schreckliche Kümmelnahrung über mich ergehen, die mir Übelkeit bereitete. Demzufolge trug ich den lieben langen Tag einen beständigen Brechreiz mit mir herum. Aber ich gab ihm nicht nach, wußte ich doch, daß ich mich ernähren mußte. Und zudem — was bedeutete das schon verglichen mit der Pein, ein neues Restaurant zu suchen? In dem meinen war ich wenigstens bekannt. Man lächelte mir zu, wenn man sich auch nicht mit mir unterhielt. Im übrigen breitete meine Beklemmung sich aus. Der scharfe Stachel in meinem Gehirn nahm meine Aufmerksamkeit zu stark in Anspruch. Ich beschloß, meine Zeit einzuteilen, sie mit zahlreichen Stützpunkten zu versehen. Ich blieb möglichst lange im Bett, und meine Tage wurden entsprechend kürzer. Dann kleidete ich mich sorgfältig an und erforschte planmäßig die Stadt. Ich irrte in den prunkvollen Barockkirchen umher, in denen ich eine Heimstätte wiederzufinden suchte, und wenn ich sie verließ, fühlte ich mich nach dem enttäuschenden Zusammensein mit mir selbst noch leerer, noch verzweifelter. Ich schlenderte ziellos die von schäumenden Wehren zerschnittene Moldau entlang. Ich verbrachte nicht endenwollende Stunden in der Weitläufigkeit des verlassen und stumm daliegenden Viertels um den Hradschin. Im Schatten seines Domes und seiner Paläste hallte mein Schritt laut durch die Gassen, wenn die Sonne sich zum Untergang neigte. Sobald ich mir dessen bewußt wurde, fühlte ich mich wieder von Panik gepackt. Ich aß früh zu Abend und ging um halb neun zu Bett. Die Sonne entriß mich mir selbst. Kirchen, Paläste, Museen — alle Kunstwerke rief ich zu Hilfe, um meine Beklommenheit zu lindern. Ein klassischer Trick: ich wollte meine Auflehnung in Melancholie auflösen. Aber umsonst. Sobald ich ins Freie trat, war ich ein Fremder. Ein einziges Mal, in einem Barockkloster am Rande der Stadt, ließen die Lieblichkeit des Augenblicks, der gemächliche, helle Ton der Glocken, die in traubenförmigen Schwärmen vom alten Turm auffliegenden Tauben und auch so etwas wie ein Duft von Kräutern und Nichts ein tränenerfülltes Schweigen in mir entstehen, das mich der Erlösung auf Haaresbreite nahebrachte. Und am Abend schrieb ich beim Nachhausekommen in einem Zug die folgenden Aufzeichnungen, die ich wortgetreu wiedergebe, weil ich gerade in ihrem hochtrabenden Ton die Vielschichtigkeit meiner damaligen Gefühle wiederfinde. «Und welchen anderen Gewinn soll ich aus der Reise ziehen? Da stehe ich nackt und bloß. Eine Stadt, deren Aushängeschilder ich nicht lesen kann, fremde Buchstaben, die keinen vertrauten Halt bieten, ohne Freunde, mit denen ich sprechen könnte, ohne Zerstreuungen auch. Ich weiß wohl, daß mich nichts aus diesem Zimmer, in das die Geräusche einer fremden Stadt dringen, zu befreien und in das zartere Licht eines Heims oder einer geliebten Umgebung zu führen vermag. Soll ich rufen, schreien? Es würden doch nur fremde Gesichter auftauchen. Kirchen, Gold und Weihrauch, alles verstößt mich in einen Alltag, in dem meine Beklemmung den Wert aller Dinge bestimmt. Dies ist der Augenblick, da der Vorhang der Gewohnheiten, dieses bequeme Gewebe der Worte und Gebärden in denen das Herz eindöst, sich langsam hebt und endlich das fahle Gesicht des Umgetriebenseins enthüllt. Der Mensch steht sich selbst Aug' in Auge gegenüber: ich wette, daß er nicht glücklich sein kann... Und doch bringt ihm das Reisen gerade dadurch Erleuchtung. Ein großer Zwiespalt tut sich auf zwischen ihm und den Dingen. In das weniger gut gewappnete Herz dringt die Musik der Welt leichter ein. Und in dieser tiefen Bedürftigkeit wird der geringste einsame Baum zum zartesten und zerbrechlichsten aller Bilder. Kunstwerke und Frauenlächeln, Männergeschlechter, die in ihrem Boden wurzeln, Baudenkmäler, in denen Jahrhunderte sich drängen – so gestaltet die Reise eine Herz und Gemüt ansprechende Landschaft. Und dann, am Ende des Tages, dieses Hotelzimmer, wo etwas wie ein Hunger der Seele sich erneut in mich einfrißt.» Aber ist es nötig, zu bekennen, daß ich das alles nur zusammenfabulierte, um mich einzuschläfern? Und was mir von Prag bleibt – ich darf es heute wohl sagen –, ist der Geruch der Essiggurken, die an jeder Straßenecke verkauft und stehend verzehrt werden und deren säuerlicher, würziger Duft meine Bangigkeit weckte und verdichtete, sobald ich mein Hotel verließ. Dies und vielleicht auch eine bestimmte Melodie. Unter meinem Fenster saß ein einarmiger Blinder, auf seiner Ziehharmonika, die er mit einer Hinterbacke festklemmte, während er mit der gesunden Hand spielte. Es war immer dieselbe kindliche, sehnsüchtige Weise, die mich am Morgen weckte und unvermittelt in die kahle Wirklichkeit versetzte, in die ich hilflos verstrickt war.

Ich sehe mich noch, wie ich manchmal am Ufer der Moldau plötzlich stehenblieb und mich, von diesem Geruch oder dieser Melodie überfallen, in mein tiefstes Ich hinabgestoßen, ganz leise fragte: «Was hat das zu bedeuten? Was hat das zu bedeuten?» Aber ich war ohne Zweifel noch nicht bis auf den Grund gelangt. Am Morgen des vierten Tages machte ich mich gegen zehn Uhr zum Ausgehen bereit. Ich wollte einen bestimmten Judenfriedhof aufsuchen, den ich am Vortag nicht hatte finden können. Da wurde an die Tür des Nebenzimmers geklopft. Nach einem Augenblick der Stille wiederholte sich das Klopfen, anhaltend diesmal, aber offensichtlich umsonst. Ein schwerer Schritt entfernte sich die Stiege hinunter. Ohne darauf zu achten, verlor ich einige Zeit damit, geistesabwesend die Gebrauchsanweisung einer Rasiercreme zu studieren, die ich übrigens schon seit einem Monat benützte. Es war ein schwüler Tag. Vom bedeckten Himmel fiel ein kupfriges Licht auf die Spitzen und Kuppeln von Alt-Prag. Die Zeitungsverkäufer riefen ihre allmorgendliche *Narodni Politika* aus. Ich riß mich mühsam aus der dumpfen Lähmung, die mich beschlich. Als ich eben hinausgehen wollte, begegnete ich dem mit Schlüsseln bewaffneten Hausdiener. Er blieb stehen. Er klopfte wiederum sehr eindringlich. Er versuchte zu öffnen. Nichts zu wollen. Offenbar war von innen der Riegel vorgeschoben worden. Erneutes Klopfen. Das Zimmer tönte hohl und so unheilverkündend, daß ich mich bedrückt entfernte, ohne eine Frage zu stellen. Aber in den Straßen von Prag wurde ich von einer schmerzhaften Vorahnung verfolgt. Wie könnte ich je das nichtssagende Gesicht des Hausdieners vergessen, die so merkwürdig umgebogene Spitze seiner Lackschuhe und den fehlenden Knopf an seinem Rock?. Ich aß schließlich zu Mittag, aber mit wachsendem Ekel. Gegen zwei Uhr kehrte ich ins Hotel zurück.

In der Halle tuschelte das Personal. Ich eilte die Treppe hinauf, um dem Erwarteten schneller gegenüberzutreten. Meine Ahnung hatte mich nicht getrogen. Die Tür des Zimmers stand halb offen, so daß nur eine große, blau gestrichene Wand sichtbar war. Aber das stumpfe Licht, von dem ich schon gesprochen habe, warf auf diese Art Wandschirm die Schatten eines auf dem Bett liegenden Toten und eines bei der Leiche Wache haltenden Polizisten. Die beiden Schatten überschnitten sich rechtwinklig. Dieses Licht verstörte mich. Es war echt, ein richtiges Licht des Lebens, eines Nachmittags des Lebens, ein Licht, das einem zum Bewußtsein bringt, daß man lebt. Er aber war gestorben. Allein in seinem Zimmer. Ich wußte, daß es kein Selbstmord war. Ich kehrte hastig in mein Zimmer zurück und warf mich auf mein Bett. Ein Mann wie viele andere, klein und dick, wenn ich nach dem Schatten schließen durfte. Ohne Zweifel war er schon lange tot. Und im Hotel war das Leben weitergegangen, bis der Hausdiener auf den Gedanken kam, ihn zu rufen. Er war ahnungslos hierhergekommen und er war allein gestorben. Unterdessen las ich die Reklame meiner Rasierseife. Ich verbrachte den ganzen Nachmittag in einem Zustand, den ich kaum zu beschreiben vermag. Mit leerem Kopf und merkwürdig bedrücktem Herzen lag ich da. Ich schnitt mir die Nägel. Ich zählte die Fugen im Parkett. «Wenn ich bis tausend zählen kann . . .» Bei fünfzig oder sechzig brach alles zusammen. Ich kam nicht darüber hinaus. Die Geräusche von draußen drangen nicht in mich ein. Nur einmal vernahm ich im Gang eine unterdrückte Stimme, die Stimme einer Frau, die auf deutsch sagte: «Er war ein so guter Mensch.» Da dachte ich voll Verzweiflung an meine Stadt am Mittelmeer, an die so sehr geliebten, im grünen Licht so weichen Sommerabende mit ihren jungen, schönen Frauen. Seit Tagen hatte ich kein einziges Wort gesprochen, und zurückgestautes Schreien und Empören sprengte mein Herz. Hätte mir jemand die Arme geöffnet, ich hätte geweint wie ein Kind. Gegen Ende des Nachmittags starrte ich nur noch erschöpft und gedankenlos auf den Riegel meiner Tür und wiederholte mir unablässig einen Gassenhauer. In jenem Augenblick konnte ich nicht mehr weiter. Kein Land mehr, keine Stadt, kein Zimmer, kein Name. Wahn oder Eroberung, Demütigung oder Eingebung — würde ich endlich wissen oder mich verzehren? Es klopfte an meine Tür, und meine Freunde traten ein. Ich war gerettet, auch wenn ich um die Antwort betrogen war. Ich glaube, ich sagte zu ihnen: «Ich bin froh, daß ihr da seid.» Aber ich bin sicher, daß es mit diesem Geständnis sein Bewenden hatte und daß ich in ihren Augen der geblieben war, den sie vor der Trennung gekannt hatten.

Kurz darauf verließ ich Prag. Und gewiß nahm ich an allem Anteil, was ich nachher sah. Ich könnte von der besonderen Atmosphäre in dem kleinen gotischen Friedhof von Bautzen berichten, vom flammenden Rot seiner Geranien und vom blauen Morgen. Ich könnte von den langgedehnten Ebenen Schlesiens sprechen, den unerbittlichen und undankbaren. Ich habe sie im Morgengrauen durchquert. Ein schwerfälliger Vogelzug flog im dunstigen, schmierigen Frühmorgen über das zähe Land. Auch das weiche, ernste Mähren liebte ich, seinen reinen Horizont und die Pflaumenbäume voll saurer Früchte, die seine Wege säumen. Aber noch wohnte in mir der Schwindel, der einen befällt, wenn man zu lange ins Bodenlose geblickt hat. Ich kam nach Wien, reiste eine Woche später weiter und war immer noch mein eigener Gefangener.

Im Zug, der mich von Wien nach Venedig führte, erfüllte mich indessen eine unbestimmte Erwartung. Ich glich einem Genesenden, der mit lauter Breilein ernährt wurde und nun daran denkt, mit wieviel Genuß er zum ersten Mal wieder ein Stück Brot essen wird. Ein Licht begann zu leuchten. Heute weiß ich es: ich war bereit für das Glück. Ich will nur von den sechs Tagen berichten, die ich auf einem Hügel in der Nähe von Vicenza verlebte. Ich bin jetzt noch dort oder vielmehr zuweilen wieder dort, und oft wird mir alles in einem Rosmarinduft neu lebendig.

Ich betrete Italien. Es ist ein nach meiner Seele geschaffenes Land, und ich erkenne die sein Näherrücken ankündigenden Zeichen eines nach dem anderen. Da sind die ersten mit Schuppenziegeln gedeckten Häuser, die ersten an kupfersulfatblaue Mauern geschmiegten Reben. Da sind die ersten in den Höfen aufgehängten Wäschestücke, das Durcheinander der Dinge, das Unordentliche der Menschen. Und die erste Zypresse, so schmächtig und doch so aufrecht, die erste Olive, der erste, staubbedeckte Feigenbaum. Schattenreiche Plätze kleiner italienischer Städte, Mittagsstunden, da die Tauben Kühlung suchen, Gemächlichkeit und Trägheit: in ihnen verbraucht die Seele all ihre Auflehnung. Die Leidenschaft nähert sich unmerklich den Tränen. Und dann Vicenza. Hier bewegen die Tage sich in geschlossenem Kreis, vom Anbruch des von Hühnergegacker geschwellten Morgens bis zum unvergleichlichen, einschmeichelnden Abend, der seidenweich hinter den Zypressen steht und lange vom Zirpen der Zikaden ausgelotet wird. Das innere Schweigen, das mich begleitet, entspringt dem langsamen Lauf, der den Tag in den nächsten Tag hinüberführt. Was bleibt mir anderes zu begehren als dieses auf die Ebene geöffnete Zimmer mit seinen antiken Möbeln und seinen gehäkelten Spitzen? Der ganze Himmel liegt auf meinem Gesicht, und mir will scheinen, daß ich dieses Kreisen der Tage ohne Ende verfolgen könnte, unbeweglich mit ihnen kreisend. Ich atme das einzige Glück, dessen ich fähig bin — ein aufmerksames und freundschaftliches Bewußtsein. Den ganzen Tag gehe ich spazieren: ich steige vom Hügel nach Vicenza hinunter oder stoße tiefer ins Land vor. Jeder Mensch, dem ich begegne, jeder Geruch in den Straßen, alles dient mir zum Vorwand für eine Liebe ohne Maß. Junge Frauen, die eine Ferienkolonie beaufsichtigen, die Trompete der Eisverkäufer (ihr Wägelchen besteht aus einer auf Rädern montierten und mit Deichseln versehenen Gondel), die Auslagen von Früchten, rote Wassermelonen mit schwarzen Kernen, durchscheinende, klebrige Trauben — alles ist ein Halt für den, der nicht mehr allein zu sein versteht, das heißt für alle Menschen. Aber das schrille und zärtliche Flöten der Zikaden, der aus Wassern und Sternen gemischte Duft, den die Septembernächte verströmen, die von Wohlgerüchen erfüllten Wege zwischen Mastixbäumen und Schilf — alles ist ein Zeichen der Liebe für den, der gezwungen ist, allein zu sein, das heißt für alle Menschen. So vergehen die Tage. Auf die blendende Helle der sonneberstenden Stunden folgt der Abend, dem das Gold des Sonnenuntergangs und das Schwarz der Zypressen einen prächtigen Hintergrund verleihen. Dann schreite ich auf der Straße den Zikaden entgegen, die aus so großer Entfernung zu hören sind. Während ich näherkomme, dämpfen sie eine nach der anderen ihr Zirpen, dann verstummen sie. Langsamen Schritts gehe ich weiter, von soviel glühender Schönheit überwältigt. Eine nach der anderen steigern die Zikaden in meinem Rücken ihren Stimmaufwand, dann schrillen sie wieder: ein Rätsel unter diesem Himmel, von dem Gleichgültigkeit und Schönheit herabfallen. Und im letzten Tageslicht lese ich auf dem Giebel eines Landhauses: «In magnificentia naturae resurgit spiritus». Hier muß ich innehalten. Der erste Stern schon, dann drei Lichter auf dem gegenüberliegenden Hügel, die plötzlich hereingebrochene Nacht, die nichts vorher angekündigt hat, ein Raunen und ein Lufthauch in den Büschen hinter mir, der Tag ist entflohen, aber er ließ mir seine Süße.

Natürlich war ich nicht ein anderer geworden. Nur war ich nicht mehr allein. In Prag erstickte ich zwischen Mauern. Hier stand ich der Welt gegenüber, und aus mir selbst heraustretend, bevölkerte ich das All mit Gestalten meiner Art. Und ich habe noch nicht von der Sonne gesprochen. So wie ich lange Zeit gebraucht habe, um meine liebende Verbundenheit mit der Welt der Armut zu begreifen, in der meine Kindheit sich abspielte, so beginne ich auch jetzt erst die Lehre der Sonne und der Himmelsstriche zu erahnen, unter denen ich geboren wurde. Kurz vor Mittag ging ich hinaus und begab mich an einen bestimmten Punkt, von dem aus ich die unendliche Ebene von Vicenza überblickte. Die Sonne stand beinahe im Zenit, der Himmel war von sattem, luftigem Blau. Das ganze von ihm niederfallende Licht stürmte die Abhänge der Hügel hinab, kleidete die Zypressen und die Olivenbäume, die weißen Häuser und die roten Dächer in das glühendste aller Gewänder, um sich dann in der sonnedampfenden Ebene zu verlieren. Und jedesmal erlebte ich die gleiche Entäußerung. In mir der waagerechte Schatten des dicken, kleinen Mannes. Und was ich in dieser unter der Sonne flimmernden Ebene und im Staub, in den kahlgeschorenen, mit versengtem Gras überkrusteten Hügeln greifbar vor mir hatte, war eine nüchterne, aller Anziehungskraft bare Form jenes Hangs zum Nichts, den ich in mir trug. Dieses Land führte mich in den Mittelpunkt meines eigenen Seins zurück und stellte mich meiner geheimen Angst gegenüber. Es war die Beklemmung von Prag und doch nicht dieselbe. Wie soll ich es erklären? Gewiß habe ich angesichts dieser von Bäumen, Sonne und Lächeln bevölkerten italienischen Ebene deutlicher als irgendwo sonst den Geruch nach Tod und Unmenschlichkeit erfaßt, der mich seit einem Monat verfolgte. Ja, diese Erfüllung ohne Tränen, dieser Friede ohne Freude in mir, sie bestanden nur aus der ganz bewußten Erkenntnis dessen, was mir nicht zufiel, aus Verzicht und Abkehr. So wie einer, der weiß, daß er sterben muß, sich nicht um das Los seiner Frau kümmert, außer in Romanen. Er verwirklicht die Berufung des Menschen, die da ist, egoistisch zu sein, das heißt verzweifelt. Für mich gab es keinerlei Verheißung von Unsterblichkeit in diesem Land. Was scherte mich ein neues Leben meiner Seele, wenn ich keine Augen besaß, um Vicenza zu sehen, keine Hände, um die Tauben von Vicenza zu berühren, keine Haut, um auf dem Weg von Monte Berico zur Villa Valmarana die Liebkosung der Nacht zu spüren?

Ja, dies war alles wahr. Aber zur gleichen Zeit drang mit der Sonne etwas in mich ein, das ich nur schlecht beschreiben kann. An dieser äußersten Grenze äußersten Bewußtseins verschmolz alles, und mein Leben erschien mir wie ein Ganzes, das ich verwerfen oder annehmen mußte. Ich bedurfte einer Größe. Ich fand sie in der Gegenüberstellung meiner tiefinneren Verzweiflung und der geheimen Gleichgültigkeit einer der schönsten Landschaften der Welt. Daraus schöpfte ich die Kraft, zugleich tapfer und hellsichtig zu sein. Ein so schwieriges und so widersprüchliches Unterfangen war Mühe genug für mich. Aber vielleicht habe ich das, was ich damals mit solcher Richtigkeit empfand, schon ein wenig entstellt. Im übrigen kehre ich in Gedanken oft nach Prag zurück und zu den tödlichen Stunden, die ich dort verlebte. Ich bin wieder daheim. Nur zuweilen ruft ein saurer Geruch nach Gurken und Essig meine Unruhe von neuem wach. Dann muß ich mich zwingen, an Vicenza zu denken. Aber sie sind mir beide lieb, und es fällt mir schwer, meine Liebe zum Licht und zum Leben von meiner geheimen Liebe zur Erfahrung der Verzweiflung zu trennen, die darzustellen meine Absicht war. Das ist längst klargeworden; ich aber will mich nicht dazu entschließen, eine Wahl zu treffen. In der Nähe von Algier gibt es einen kleinen Friedhof mit schwarzen Eisentüren. Von seinem anderen Ende aus erblickt man das

Tal und im Hintergrund die Bucht. Man kann lange träumend vor dieser Opfergabe stehen, die mit dem Meer zusammen atmet. Aber wenn man wieder umkehrt, entdeckt man auf einem verlassenen Grab eine Tafel mit der Inschrift: «Auf immer unvergessen». Zum Glück sind die Idealisten da, um die Dinge einzurenken.

LIEBE ZUM LEBEN

IN PALMA zieht sich nachts das Leben langsam in das Viertel hinter dem Markt zurück, wo in den Kaffeehäusern Musik gemacht wird: dunkle, stille Gassen, bis man zu den Türen gelangt durch deren Rolläden Licht und Töne sickern. Einmal habe ich beinahe eine ganze Nacht in einem dieser Cafés zugebracht. Der Raum war rechteckig, klein und sehr niedrig, grün gestrichen und mit rosa Girlanden verziert. Die holzgetäfelte Decke war mit winzigen roten Glühbirnen übersät. Wie durch ein Wunder fanden auf der kleinen Fläche ein Orchester, eine Theke mit bunten Flaschen und das Schulter an Schulter gezwängte Publikum Platz. Ausschließlich Männer. In der Mitte zwei Quadratmeter freier Raum. Von dort schossen Flaschen und Gläser auf, die der Kellner in alle Richtungen beförderte. Kein Mensch war bei klarem Verstand. Alles brüllte. Eine Art Marineoffizier rülpste mir alkoholbeladene Artigkeiten ins Gesicht. Ein altersloser Zwerg an meinem Tisch erzählte mir seine Lebensgeschichte. Aber ich war zu erregt, um zuzuhören. Das Orchester spielte ununterbrochen Melodien, von denen man nur den Rhythmus wahrnahm, weil alle Füße den Takt dazu schlugen. Manchmal ging die Tür auf. Inmitten des allgemeinen Tobens wurde ein Neuankömmling zwischen zwei Stühle gekeilt. (Es gibt eine gewisse Ungezwungenheit in der Freude, die ein Kennzeichen der wahren Kultur bildet. Und die Spanier sind eines der wenigen Völker Europas, die Kultur besitzen.)

Ein jäher Beckenschlag: unvermittelt sprang eine Frau in den engen Kreis in der Mitte des Lokals. «Einundzwanzig Jahre alt», sagte der Offizier. Das verblüffte mich. Das Gesicht eines jungen Mädchens, aber aus einem Fleischberg gehauen. Die Frau mochte einen Meter achtzig groß sein. Sie war unförmig dick und wog sicher ihre dreihundert Pfund. Die Hände in die Hüften gestützt, mit einem gelben Netz bekleidet, durch dessen Maschen schachbrettartig das weiße Fleisch quoll, lächelte sie, wobei eine Reihe kleiner Wülste sich zitternd von beiden Mundwinkeln zu den Ohren zog. Die Spannung im Saal kannte keine Grenzen mehr.

Man spürte, daß diese Frau bekannt war, daß sie geliebt und erwartet wurde. Sie lächelte unentwegt. Ihr Blick wanderte über das Publikum, während sie immer noch wortlos lächelte und ihren Bauch rollend nach vorne schob. Die Zuschauer brüllten und verlangten dann ein Lied, das jedermann zu kennen schien. Es war ein näselnder andalusischer Gesang, der vom Schlagzeug alle drei Takte dumpf skandiert wurde. Sie sang, und mit ihrem ganzen Körper mimte sie rhythmisch die Liebe. Bei dieser eintönigen, leidenschaftlichen Bewegung entstanden wahre Wellen von Fleisch auf ihren Hüften, pflanzten sich fort und erstarben auf ihren Schultern. Die Zuhörer waren gleichsam niedergewalzt. Aber beim Kehrreim drehte sich die Sängerin um sich selber, hielt mit beiden Händen ihre Brüste gepackt, öffnete ihren roten, feuchten Mund und wiederholte die Melodie mit dem Publikum, bis jedermann im Tumult aufgesprungen war.

Klebrig von Schweiß stand sie in der Mitte, mit wirrem Haar, groß und mächtig, aufgequollen in ihrem gelben Netz. Mit ihrer dummen, niederen Stirn und ihrem hohlen Blick glich sie einer aus dem Wasser steigenden widerlichen Göttin und lebte nur dank einem leichten Zittern der Knie, wie es bei Pferden nach einem Rennen zu beobachten ist. Inmitten der sie umbrausenden wilden Freude bot sie mit der Verzweiflung ihrer leeren Augen und dem zähen Schweiß ihres Leibes gleichsam das schändliche und begeisternde Bild des Lebens ...

Wenn es keine Kaffeehäuser und keine Zeitungen gäbe, wäre das Reisen eine mühselige Angelegenheit. Ein in unserer Sprache gedrucktes Blatt, ein Ort, wo wir abends mit Menschen in Berührung zu kommen versuchen, erlauben uns, mit einer vertrauten Gebärde den zu spielen, der wir zu Hause waren und der uns aus der Ferne so fremd vorkommt. Denn was den Wert des Reisens ausmacht, ist die Angst, zerstört es doch eine Art Staffage in uns. Es ist nicht mehr möglich, zu mogeln, sich hinter Büro- oder Fabrikstunden zu verschanzen (diese Stunden, gegen die wir so laut aufbegehren und die uns so zuverlässig vor dem Schmerz des Alleinseins beschützen). So habe ich zum Beispiel immer Lust, einen Roman zu schreiben, in dem die Helden sagen: «Was sollte aus mir werden ohne meine Bürostunden?» oder «Meine Frau ist gestorben, aber zum Glück habe ich bis morgen einen ganzen Stoß Geschäftsbriefe zu erledigen.» Die Reise nimmt uns diese Zuflucht. Fern von unseren Angehörigen, fern von unserer Sprache, all unserer Stützpunkte verlustig, unserer Masken beraubt (wir wissen nicht, wieviel die Straßenbahn kostet, und so ergeht es uns in allem), befinden wir uns völlig an der Oberfläche unserer selbst.

Aber da wir das Gefühl haben, unsere Seele sei krank, gewinnt in unseren Augen jeder Mensch und jedes Ding wieder seinen Wert als Wunder. Eine Frau, die selbstvergessen tanzt, eine hinter einem Vorhang erspähte Flasche auf einem Tisch: jedes Bild wird zum Symbol. Und in dem Maße, in dem unser eigenes Leben in diesem Augenblick darin enthalten ist, scheint sich uns das ganze Leben darin zu spiegeln. Wir sind für alle Gaben empfänglich, und der gegensatzreiche Rausch, den zu erfahren uns vergönnt ist (sogar den der Hellsichtigkeit), ist nicht zu beschreiben. Vielleicht hat außer dem Mittelmeer kein anderes Land mich je mir selber gleichzeitig so fern und so nahe gerückt.

Zweifellos hat mein Besuch in jenem Café von Palma mich deshalb so aufgerührt. Am Mittag dagegen fiel mir im menschenleeren Viertel um die Kathedrale, zwischen den alten Palästen mit den kühlen Höfen und in den Straßen mit den Schattengerüchen eine gewisse «Gemächlichkeit» auf. Niemand auf der Straße. Auf den Altanen reglose alte Frauen. Wenn ich die Häuser entlangschritt, in den Höfen voll grüner Pflanzen und runder, grauer Säulen stehenblieb, verschmolz ich mit diesem Geruch des Schweigens, ich verlor meine Grenzen und war nichts anderes mehr als der Klang meiner Schritte oder jener Vogelschwarm, dessen Schatten ich in der Höhe auf den noch sonnigen Mauern wahrnahm. Lange Stunden verbrachte ich auch im kleinen gotischen Kreuzgang von San Francisco. Sein zierlicher, kunstreicher Säulengang schimmerte in dem schönen Goldgelb, das den alten Bauwerken Spaniens eigen ist. Im Hof rosa Oleander, Pfeffersträucher und ein schmiedeeiserner Ziehbrunnen, an dem eine lange Schöpfkelle aus rostigem Metall hing. Vorübergehende tranken daraus. Zuweilen klingt mir der helle Ton noch in den Ohren, mit dem sie auf den Stein des Brunnens zurückfiel. Und doch war es nicht die Süße des Lebens, was dieser Kreuzgang mich lehrte. Im knatternden Flügelschlag seiner Tauben, im Schweigen, das sich jäh mitten in den Garten schmiegte, im zeitweiligen Knirschen seiner Brunnenkette fand ich eine neue und doch vertraute Köstlichkeit. Klarblickend und lächelnd betrachtete ich dieses einzigartige Spiel des äußeren Scheins. Mich dünkte, bei der geringsten Bewegung könne der Kristall, in dem das Antlitz der Welt lächelte, zerspringen. Irgend etwas mußte vergehen, der Schwarm der Tauben mußte sterben und jede einzelne langsam auf ihre ausgebreiteten Flügel niedersinken. Einzig mein Schweigen und meine Unbeweglichkeit verliehen dem, was so stark einer Illusion glich, Glaubwürdigkeit. Ich ging auf das Spiel ein. Ich gab mich dem Schein hin, ohne mich davon trügen zu lassen. Eine herrliche goldene Sonne wärmte sanft den gelben

Stein des Kreuzgangs. Eine Frau schöpfte Wasser am Brunnen. In einer Stunde, einer Minute, einer Sekunde, gerade jetzt vielleicht konnte alles einstürzen. Und doch dauerte das Wunder fort. Die Welt dauerte fort, schamhaft, ironisch und verschwiegen (wie manchmal die weiche und zurückhaltende Freundschaft einer Frau). Ein Gleichgewicht bestand weiter, doch war es von der Angst vor seinem eigenen Ende gefärbt.

Solcherart war meine ganze Liebe zum Leben: eine wortlose Leidenschaft für das, was mir vielleicht entgleiten würde, eine Bitterkeit unter einer Flamme. Jeden Tag verließ ich diesen Kreuzgang gleichsam mir selber entrückt, für einen kurzen Augenblick in die Dauer der Welt eingefügt. Und ich weiß wohl, warum ich dann an die blicklosen Augen der dorischen Apollostatuen oder an die glühenden und erstarrten Gestalten von Giotto denken mußte [1]. Denn in solchen Augenblicken begriff ich wahrhaft, was diese Länder mir zu geben vermochten. Ich bewundere die Leute, die an den Ufern des Mittelmeeres Gewißheiten und Lebensregeln finden können, eine Befriedigung ihrer Vernunft, eine Rechtfertigung ihres Optimismus und ihres sozialen Sinns. Denn was ich damals entdeckte, war nicht eine nach Menschenmaß geschaffene Welt, sondern eine Welt, die über dem Menschen zusammenschlägt. Nein, nicht weil sie meine Fragen beantwortet hätte, sondern weil sie sie vielmehr überflüssig machte, war die Sprache dieser Länder im Einklang mit dem Ton, der tief in meinem Inneren widerhallte. Nicht Dankgebete drängten sich auf meine Lippen, sondern jenes *nada*, das einzig in sonneverzehrten Ländern entstehen konnte. Es gibt keine Liebe zum Leben ohne Verzweiflung am Leben.

In Ibiza setzte ich mich jeden Tag in die Cafés, die den Hafen säumen. Gegen fünf Uhr spazierte die Jugend des Städtchens in Zweierreihen die Mole entlang. Hier werden die Heiraten geschlossen, hier spielt sich das ganze Leben ab. Man kann nicht umhin, zu denken, daß es nicht einer gewissen Größe entbehrt, sein Leben auf diese Weise vor aller Welt zu beginnen. Ich setzte mich, noch ganz betäubt von der Sonne des Tages, erfüllt von weißen Kirchen und kreidigen Mauern, von dürren Feldern und struppigen Olivenbäumen. Ich trank süßliche Mandelmilch und betrachtete die geschwungene Linie der gegenüberliegenden Hügel. Sanft fielen sie ins Meer ab. Der Abend wurde grün. Auf der höchsten Kuppe

---

[1] Mit dem Auftreten des Lächelns und des Blicks beginnt der Niedergang der griechischen Bildhauerei und die Zersplitterung der italienischen Kunst. Als höre die Schönheit dort auf, wo der Geist beginnt.

drehte der letzte Windhauch die Flügel einer Mühle. Und wie durch ein natürliches Wunder senkten alle Menschen die Stimme, so daß nur noch der Himmel da war und der Singsang der Worte, die zu ihm aufstiegen, aber aus großer Ferne zu kommen schienen. Während dieses kurzen Augenblicks der Dämmerung herrschte etwas Flüchtiges und Schwermütiges, das nicht nur ein einzelner Mensch spürte, sondern ein ganzes Volk. Ich für mein Teil hatte Lust zu lieben, wie man Lust haben kann zu weinen. Mir schien, jede Stunde meines Schlafes sei in Zukunft dem Leben abgestohlen..., das heißt der Zeit des gegenstandslosen Verlangens. Wie in jenen bebenden Stunden, die ich in der Schenke von Palma und im Kreuzgang von San Francisco verbracht hatte, blieb ich unbeweglich und gespannt, wehrlos jenem ungeheuren Überschwang ausgeliefert, der die Welt in meine Hände legen wollte.

Ich weiß wohl, daß ich unrecht habe, daß man sich Grenzen setzen muß. Nur unter dieser Bedingung ist Schöpfung möglich. Aber der Liebe sind keine Grenzen gesetzt, und was macht es mir schon aus, nicht festhalten zu können, wenn meine Arme nur weit genug sind, um alles zu umschlingen! In Genua gibt es Frauen, deren Lächeln ich einen ganzen Morgen geliebt habe. Ich werde sie nie mehr sehen, das ist nun einmal so. Aber die Worte können das Feuer meines Bedauerns nicht überdecken. Kleiner Brunnen im Klostergarten von San Francisco — ich sah Taubenschwärme darüber hinfliegen und vergaß darob meinen Durst. Aber es kam immer ein Augenblick, da mein Durst neu erwachte.

LICHT UND SCHATTEN

Sie war eine eigenwillige, einsame Frau. Sie stand in vertrautem Verkehr mit den Geistern, deren Händel sie zu ihren eigenen machte, und weigerte sich, gewisse Familienangehörige zu empfangen, die in dem Reich, in dem sie Zuflucht suchte, nicht gut angeschrieben waren.

Ihre Schwester hinterließ ihr eine kleine Erbschaft. Die fünftausend Francs, die da am Ende eines Lebens auftauchten, erwiesen sich als ziemlich lästig. Sie mußten angelegt werden. Zwar ist beinahe jedermann fähig, mit einem großen Vermögen fertigzuwerden, doch bereitet es einige Schwierigkeit, wenn der Betrag klein ist. Diese Frau blieb sich selber treu. Dem Tod nahe, wollte sie für ihre alten Knochen ein Obdach finden. Da bot sich ihr eine wahrhaft günstige Gelegenheit. Auf dem Friedhof ihrer Stadt lief eine Pacht ab; die früheren Besitzer hatten auf diesem Stück Boden in schlichter Linienführung eine prachtvolle Gruft aus schwarzem Marmor errichtet, mit einem Wort einen wahren Schatz, den man ihr für viertausend Francs abtrat. Sie kaufte die Gruft. Das war eine sichere Kapitalanlage, der Börsenschwankungen und politische Ereignisse nichts anhaben konnten. Sie ließ das Innere des Grabes herrichten, damit es bereit sei, ihren eigenen Leichnam aufzunehmen. Und als alles fertig war, ließ sie in goldenen Lettern ihren Namen anbringen.

Dieser vorteilhafte Handel verschaffte ihr eine so tiefe Befriedigung, daß sie geradezu von Liebe zu ihrem Grab ergriffen wurde. Am Anfang kam sie, um die Fortschritte der Arbeit in Augenschein zu nehmen. Und schließlich stattete sie ihm jeden Sonntagnachmittag einen Besuch ab. Das wurde ihr einziger Spaziergang und ihre einzige Zerstreuung. Gegen zwei Uhr nachmittags machte sie sich auf den langen Weg und begab sich zu dem Stadttor, wo sich der Friedhof befand. Sie betrat die kleine Gruft, schloß sorgfältig das Törchen und kniete auf dem Betschemel nieder. Auf diese Weise sich selbst gegenübergestellt, was sie war mit dem vergleichend, was sie sein sollte, die Glieder einer stets abbrechenden Kette wiederfindend, erkannte sie mühelos die geheimen Absichten der Vorsehung. Ein seltsames Sinnbild verschaffte ihr sogar eines Tages die Einsicht, daß sie in den Augen der Welt bereits tot war. Als sie an Allerheiligen später ankam als gewöhnlich, fand sie die Schwelle pietätvoll mit Veilchen übersät. Voll zartsinniger Aufmerksamkeit hatten Unbekannte aus Mitleid mit diesem Grab ohne Blumen die ihren geteilt und so das Gedächtnis einer sich selbst überlassenen Toten geehrt.

Und so komme ich wieder auf diese Dinge zurück. Von dem Garten jenseits des Fensters sehe ich nur die Mauern. Und das Blattwerk, durch das hindurch das Licht fließt. Weiter oben ist wiederum Laub. Und noch weiter oben die Sonne. Aber von diesem ganzen Jubilieren der Luft, das man draußen spürt, von dieser ganzen über die Welt gebreiteten Freude gewahre ich bloß den Schatten der Zweige, der auf meinen weißen Gardinen spielt. Und auch fünf Sonnenstrahlen, die geduldig einen Duft nach trockenen Kräutern im Zimmer verströmen. Ein Windhauch, und die Schatten auf dem Vorhang werden lebendig. Eine Wolke verdeckt die Sonne und zieht vorbei, und schon taucht das strahlende Gelb der Vase voll Mimosen wieder aus dem Dunkel auf. Es genügt, daß ein Licht zu leuchten beginnt, und verworrene, betäubende Freude erfüllt mich. Es ist ein Januarnachmittag, der mich so der Lichtseite der Welt gegenüberstellt. Doch ist die Kälte nicht aus der

Luft gewichen. Überall eine hauchdünne Schicht von Sonne, die unter dem Fingernagel aufsplittern würde, die aber alle Dinge in ein ewiges Lächeln kleidet. Wer bin ich und was kann ich anderes tun, als auf das Spiel der Blätter und des Lichts eingehen? Dieser Strahl sein, in dem meine Zigarette sich langsam verzehrt, diese Lieblichkeit und diese verhaltene Leidenschaft, die in der Luft schwebt. Wenn ich versuche, zu mir selbst zu gelangen, vermag ich es nur in der Tiefe dieses Lichts. Und wenn ich versuche, diese zarte Köstlichkeit zu verstehen und zu kosten, die das Geheimnis der Welt preisgibt, finde ich auf dem Grund des Weltalls mich selbst. Mich selbst, das heißt diese überwältigende Empfindung, die mich von allem Beiwerk befreit.

Gleich kommen andere Dinge, die Menschen und die Gräber, die sie kaufen. Aber laßt mich diese Minute aus dem Gewebe der Zeit herauslösen. Andere stecken eine Blume zwischen die Seiten, schließen einen Spaziergang darin ein, auf dem die Liebe sie gestreift hat. Auch ich gehe spazieren, mich aber liebkost ein Gott. Das Leben ist kurz und es ist eine Sünde, seine Zeit zu verlieren. Ich sei rührig, heißt es. Aber rührig sein bedeutet wiederum seine Zeit verlieren, in dem Maß, in dem man sich selber verliert. Heute ist ein Tag des Innehaltens, und mein Herz macht sich auf zur Begegnung mit sich selbst. Die einzige Angst, die mich noch bedrückt, ist das Gefühl, daß dieser ungreifbare Augenblick mir durch die Finger schlüpft wie Quecksilberperlen. Laßt doch die Menschen der Welt den Rücken kehren, wenn es ihnen so gefällt. Ich beklage mich nicht, da ich doch zusehe, wie ich geboren werde. In der jetzigen Stunde ist mein ganzes Reich von dieser Welt. Diese Sonne und dieser Schatten, diese Wärme und diese Kälte, die noch in der Luft wohnt: soll ich mich fragen, ob etwas stirbt und ob die Menschen leiden, wenn doch alles in diesem Fenster geschrieben steht, in dem die vom Himmel verströmte Fülle meinem Mitleid begegnet? Ich kann und werde gleich sagen, daß es darauf ankommt, menschlich und einfach zu sein. Nein, es kommt darauf an, wahr zu sein, dann fügt sich alles andere ein, die Menschlichkeit und die Einfachheit. Und wann bin ich denn wahrer, als wenn ich die Welt bin? Ich finde Erfüllung, ehe ich noch begehrt habe. Die Ewigkeit ist da, und ich erhoffte sie erst. Nicht glücklich zu sein, wünsche ich jetzt, sondern nur, bewußt zu sein.

Ein Mensch betrachtet und ein anderer gräbt sein Grab: wie soll man sie trennen? Die Menschen und ihr Widersinn? Aber da ist das Lächeln des Himmels. Das Licht schwillt an, und bald ist es Sommer. Aber da sind die Augen und die Stimmen derer, die man lieben muß. Ich hänge an der Welt mit meinem ganzen Tun, an den Menschen mit meinem ganzen Mitleid und meiner Dankbarkeit. Zwischen dieser Licht- und dieser Schattenseite der Welt will ich nicht wählen, ich liebe es nicht, wenn man wählt. Die Leute wollen nicht, daß man hellsichtig und ironisch sei. Sie sagen: «Das beweist, daß Sie kein guter Mensch sind.» Ich sehe nicht ein, was das miteinander zu tun hat. Gewiß, wenn ich einen sagen höre, er sei ohne Moral, schließe ich daraus, daß er es nötig hat, sich eine Moral zu geben; wenn ein anderer sagt, er verachte die Intelligenz, schließe ich, daß er seine Zweifel nicht zu ertragen vermag. Denn ich liebe es nicht, daß man mogelt. Der wahre Mut besteht immer noch darin, die Augen weder vor dem Licht noch vor dem Tod zu verschließen. Wie kann man überhaupt das Band beschreiben, das diese verzehrende Liebe zum Leben mit jener geheimen Verzweiflung verknüpft? Wenn ich auf diese Ironie lausche (diese Bürgschaft der Freiheit, von der Barrès spricht), die sich auf dem Grund der Dinge verbirgt, enthüllt sie sich allmählich. Sie zwinkert mit ihren klaren kleinen Augen und sagt: «Lebt als ob . . .» Trotz vielen Suchens beschränkt sich darauf mein ganzes Wissen.

Letzten Endes bin ich nicht sicher, recht zu haben. Das ist aber nicht wichtig, wenn ich an jene Frau denke, deren Geschichte mir erzählt wurde. Sie lag im Sterben, und ihre Tochter zog ihr das Totenhemd an, während sie noch lebte. Das soll nämlich leichter sein, solange die Glieder noch nicht erstarrt sind. Aber es ist trotzdem seltsam, wie wir von Menschen umgeben sind, die es eilig haben.

Die Sonne und das südliche Meer...

... gleichen manchen Mangel an materiellen Gütern aus.
Ein ewig blauer Himmel ersetzt den hohen Lebensstandard. Wo der Himmel verschwenderisch ist, muß der Mensch nicht sparsam sein.
In unseren kühlen Breiten dagegen ...
(Die Ungerechtigkeit des Klimas, von der Camus spricht.)

Pfandbrief und Kommunalobligation

Meistgekaufte deutsche Wertpapiere - hoher Zinsertrag - bei allen Banken und Sparkassen

Verbriefte Sicherheit

Briefe an einen deutschen Freund

Für René Leynaud

Seine Größe zeigt man nicht, indem man
sich zu einem Extrem bekennt, sondern
indem man beide in sich vereinigt.
PASCAL

VORWORT
ZUR ITALIENISCHEN AUSGABE

Die *Briefe an einen deutschen Freund* wurden nach der Befreiung Frankreichs in wenigen Exemplaren veröffentlicht und sind nie neu aufgelegt worden. Ich habe mich aus Gründen, auf die ich im folgenden näher eingehen werde, ihrer Verbreitung im Ausland stets widersetzt.

Zum ersten Mal nun erscheinen sie außerhalb Frankreichs und einzig der Wunsch, mit meinen schwachen Kräften dazu beizutragen, daß die sinnlose Grenze zwischen unseren beiden Ländern eines Tages fallen möge, hat mich dazu bewegen können.

Aber ich kann diese Briefe nicht erscheinen lassen, ohne zu erklären, wie sie verstanden werden müssen. Sie sind zur Zeit der Widerstandsbewegung geschrieben und veröffentlicht worden. Sie setzten sich zum Ziel, den blinden Kampf, in dem wir standen, etwas zu erhellen und dadurch wirksamer zu gestalten. Es sind durch die Umstände bedingte Texte, die darum ungerecht erscheinen mögen. Denn wenn man über das besiegte Deutschland schreiben müßte, wäre in der Tat ein etwas anderer Ton am Platz. Doch liegt mir daran, einem Mißverständnis vorzubeugen. Wenn der Verfasser dieser Briefe «ihr» sagt, meint er nicht «ihr Deutschen», sondern «ihr Nazi». Wenn er «wir» sagt, heißt das nicht immer «wir Franzosen», sondern «wir freien Europäer». Ich stellte zwei Haltungen einander gegenüber, nicht zwei Völker, selbst wenn in einem bestimmten Augenblick der Geschichte diese beiden Völker zwei feindliche Haltungen verkörpert haben. Wenn ich mich eines Ausspruchs bedienen darf, der nicht von mir stammt, möchte ich sagen: ich liebe mein Land zu sehr, um Nationalist zu sein. Und ich weiß, daß weder Frankreich noch Italien etwas dabei verlieren würden, wenn sie sich einer umfassenderen Gemeinschaft anschlössen — im Gegenteil. Aber davon sind wir noch weit entfernt, und Europa ist immer noch zerrissen. Darum würde ich mich schämen, heute den Glauben zu erwecken, ein französischer Schriftsteller könne der Feind einer einzelnen Nation sein. Ich verabscheue nur die Henker. Jeder Leser, der die *Briefe an einen deutschen Freund* in diesem Sinne liest, das heißt als ein Zeugnis des Kampfes gegen die Gewalt, wird mir zubilligen, daß ich auch heute noch zu jedem Wort stehen darf.

ERSTER BRIEF

Sie sagten: «Die Größe meines Landes kann nicht zu teuer bezahlt werden. Alles, was ihrer Verwirklichung dient, ist gut. Und ihr müssen in einer Welt, in der nichts mehr Sinn hat, die Menschen, die wie wir jungen Deutschen das Glück haben, im Schicksal ihres Volkes einen Sinn zu finden, alles zum Opfer bringen.» Ich war Ihnen damals zugetan, aber hier schon konnte ich nicht mehr mit Ihnen einig gehen. «Nein», entgegnete ich, «ich kann nicht glauben, daß man alles einem bestimmten Ziel unterordnen darf. Es gibt Mittel, die nichts heiligt. Und ich möchte mein Land lieben können, ohne aufzuhören, die Gerechtigkeit zu lieben. Ich kann nicht zu jeder Größe ja sagen, selbst zu einer, die in Blut und Lüge gründet. Indem ich die Gerechtigkeit am Leben erhalte, möchte ich mein Land am Leben erhalten.» Und Sie haben geantwortet: «Ach was, Sie lieben Ihr Land nicht!»

Das war vor fünf Jahren. Seit jener Zeit haben sich unsere Wege getrennt, aber ich darf sagen, daß in diesen langen (für Sie so blitzartig flammend verflogenen) Jahren kein Tag verstrich, ohne daß ich mich an Ihren Ausspruch erinnert hätte. «Sie lieben Ihr Land nicht!» Wenn ich heute an diese Worte denke, würgt mich etwas in der Kehle. Nein, ich liebte es nicht, wenn Liebe darin besteht, nicht zu tadeln, was am geliebten Wesen ungerecht ist, wenn Liebe darin besteht, nicht zu fordern, daß das geliebte Wesen dem schönen Bild entspreche, das wir von ihm hegen. Das war vor fünf Jahren, und viele Menschen in Frankreich dachten wie ich. Und doch haben einige unter ihnen seither in die zwölf kleinen schwarzen Augen des deutschen Schicksals geblickt. Diese Menschen, die ihrer Auffassung nach ihr Land nicht liebten, haben mehr für es getan, als Sie je für das Ihre tun werden, selbst wenn es Ihnen möglich wäre, Ihr Leben hundertmal für es hinzugeben. Denn sie mußten zuerst sich selbst überwinden, und darin besteht ihr Heldentum. Aber ich spreche hier von zwei verschiedenen Arten von Größe und von einem Widerspruch, über den Sie aufzuklären ich Ihnen schuldig bin.

Wir werden uns bald wiedersehen, wenn dies möglich ist. Aber unsere Freundschaft wird nicht mehr vorhanden sein. Sie werden erfüllt sein von Ihrer Niederlage und sich Ihres früheren Sieges nicht schämen, ihm im Gegenteil mit all Ihren zerschmetterten Kräften nachtrauern. Heute bin ich Ihnen im Geist noch nahe — allerdings Ihr Feind, doch immer noch ein wenig Ihr Freund, sonst würde ich Ihnen nicht mein ganzes Denken offenbaren. Morgen ist das vorbei. Was Ihr Sieg nicht anzutasten vermochte, wird Ihre Niederlage vollbringen. Aber ehe wir uns gleichgültig gegenüberstehen, will ich versuchen, Ihnen gewisse Schicksalszüge meines Landes klarzumachen, die Sie weder im Frieden noch im Krieg erkannt haben.

Gleich zu Beginn will ich Ihnen sagen, welche Art Größe unsere Triebkraft ist. Das heißt aber, Ihnen erklären, welche Art Mut wir anerkennen, denn es ist nicht der Ihre. Ins Feuer rennen hat nicht viel zu bedeuten, wenn man sich seit jeher darauf vorbereitet hat und wenn einem Rennen selbstverständlicher ist als Denken. Es bedeutet im Gegenteil viel, der Folter und dem Tod entgegenzugehen, wenn man zutiefst und unverrückbar weiß, daß der Haß und die Gewalt an sich sinnlos sind. Es bedeutet viel, sich zu schlagen, wenn man den Krieg verachtet, hinzunehmen, daß man alles verliert, wenn man das Verlangen nach Glück bewahrt, zu zerstören, wenn man an eine höhere Kultur glaubt. Darum vollbringen wir mehr als ihr, denn wir müssen uns selber überwinden. Ihr hattet in euren Herzen, in eurem Geist nichts zu besiegen. Wir hatten zwei Feinde, und der Sieg der Waffen genügte uns nicht, im Gegensatz zu euch, die ihr nichts in euch zu unterdrücken fandet.

Wir hatten viel zu unterdrücken und vielleicht in erster Linie die ständige Versuchung, euch zu gleichen. Denn es steckt immer etwas in uns, das sich dem Instinkt überläßt, der Verachtung des Geistes, der Anbetung der Tüchtigkeit. Wir werden schließlich unserer großen Tugenden müde. Wir schämen uns des Geistes und träumen zuweilen von einem glückseligen Barbarentum, das uns eine mühelose Wahrheit schenkte. Aber in dieser Beziehung sind wir schnell geheilt: ihr seid da, ihr zeigt uns, wie es mit diesem Traum bestellt ist, und wir kommen zur Besinnung. Wenn ich an eine geschichtliche Vorherbestimmung glaubte, würde ich annehmen, daß ihr uns als Heloten des Geistes zu unserer Besserung zur Seite steht. Dann finden wir zum Geist zurück, und er bereitet uns kein Unbehagen mehr.

Aber auch den Verruf, in dem das Heldentum bei uns stand, mußten wir überwinden. Ich weiß: ihr glaubt, Heldentum sei uns fremd. Ihr täuscht euch. Nur daß wir uns gleichzeitig dazu bekennen und ihm mißtrauen. Wir bekennen uns dazu, weil zehn Jahrhunderte der Geschichte uns das Wissen um alles Edle geschenkt haben. Wir mißtrauen ihm, weil zehn Jahrhunderte der Erkenntnis uns die Kunst und die Vorzüge der Natürlichkeit gelehrt haben. Um euch gegenüberzutreten, mußten wir einen weiten Weg zurücklegen. Und darum sind wir ganz Europa gegenüber im Rückstand, denn es stürzte sich im rechten Augenblick in die Lüge, während wir es uns einfallen ließen, nach der Wahrheit zu suchen. Darum erfuhren wir zuerst einmal eine Niederlage: ihr seid über uns hergefallen, während wir damit beschäftigt waren, in unseren Herzen zu prüfen, ob wir das Recht auf unserer Seite hätten.

Wir mußten unsere Freude am Menschen, das Bild, das wir uns von einem friedlichen Schicksal machten, die tief in uns wurzelnde Überzeugung überwinden, wonach kein Sieg sich lohnt, während jede Verstümmelung des Menschen nicht wiedergutzumachen ist. Wir mußten gleichzeitig auf unser Wissen und auf unsere Hoffnung verzichten, auf die Gründe zum Lieben und auf den Haß, den wir jedem Krieg entgegenbrachten. Um es mit einem Wort auszudrücken, das Sie wahrscheinlich verstehen werden, da es von mir kommt, dessen Hand Sie zu drücken liebten: wir mußten unser leidenschaftliches Verlangen nach Freundschaft zum Schweigen bringen.

Jetzt ist das geschehen. Wir hatten einen langen Umweg nötig, wir haben uns sehr verspätet. Es ist der Umweg, den der Skrupel der Wahrheit dem Geist, der Skrupel der Freundschaft dem Herzen auferlegt. Es ist der Umweg, der die Gerechtigkeit bewahrte und die Wahrheit denen schenkte, die sich Gedanken machten. Und zweifellos haben wir ihn sehr teuer bezahlt. Wir haben ihn mit Demütigungen und Schweigen bezahlt, mit Bitterkeit, Gefängnis, Hinrichtungen im Morgengrauen, Verlassenheit, Trennung, täglichem Hunger, ausgemergelten Kindern und vor allem mit erzwungenen Bußübungen. Aber das mußte sein. Wir brauchten diese ganze Zeit, um herauszufinden, ob wir das Recht hatten, Menschen zu töten, ob es uns erlaubt war, zu dem entsetzlichen Elend der Welt beizutragen. Und diese verlorene und wiedergefundene Zeit, diese hingenommene und überwundene Niederlage, diese mit Blut bezahlten Skrupel verleihen uns Franzosen heute das Recht, zu denken, daß wir mit reinen Händen in diesen Krieg getreten sind — mit der Reinheit der Opfer und der Überzeugten — und daß wir mit reinen Händen aus ihm heraustreten werden — aber diesmal mit der Reinheit eines großen Sieges, den wir über die Ungerechtigkeit und über uns selber davongetragen haben.

Denn wir werden siegen, daran besteht kein Zweifel. Aber wir werden dank dieser Niederlage siegen, dank diesem langen Weg, der uns unsere Gründe hat erkennen lassen, dank diesem Leiden, dessen Ungerechtigkeit wir gespürt und aus dem wir eine Lehre gezogen haben. Wir haben dabei das Geheimnis eines jeden Sieges erfahren, und wenn wir es nicht eines Tages wieder verlieren, werden wir den endgültigen Sieg erringen. Wir haben dabei erfahren, daß entgegen unserem bisherigen Glauben der Geist nichts gegen das Schwert vermag, daß aber der mit dem Schwert vereinigte Geist stets Sieger bleibt über das um seiner selbst willen gezogene Schwert. Darum haben wir jetzt das Schwert angenommen, nachdem wir uns versichert hatten, daß der Geist mit uns war. Dafür mußten wir zusehen, wie gestorben wurde, und Gefahr laufen, selber zu sterben, dafür brauchte es den morgendlichen Gang eines französischen Arbeiters, der auf dem Weg zur Guillotine durch die Korridore seines Gefängnisses schritt und von Tür zu Tür seine Kameraden ermahnte, sich mutig zu zeigen. Und schließlich brauchte es die Folterung unseres Fleisches, damit wir uns des Geistes bemächtigen konnten. Nur das besitzt man wirklich, was man bezahlt hat. Wir haben teuer bezahlt und werden weiterhin zahlen. Aber wir besitzen unsere Gewißheiten, unsere Gründe, unsere Gerechtigkeit: eure Niederlage ist unvermeidlich.

Ich habe nie an die Macht der Wahrheit an sich geglaubt. Aber es ist schon viel, wenn man weiß, daß bei gleichen Kräfteverhältnissen die Wahrheit stärker ist als die Lüge. Dieses mühsame Gleichgewicht haben wir erreicht. Und diese Nuance gibt unserem Kampf heute seinen Sinn. Ich bin versucht, Ihnen zu sagen, daß wir eben gerade für Nuancen kämpfen, aber Nuancen, die so wichtig sind wie der Mensch selber. Wir kämpfen für die Nuance, die das Opfer von der Mystik, die Energie von der Gewalt, die Kraft von der Grausamkeit unterscheidet, für jene noch feinere Nuance, die das Falsche vom Wahren und den von uns erhofften Menschen von den von euch verehrten feigen Göttern unterscheidet.

Das wollte ich Ihnen sagen, nicht obenhin als Außenstehender, sondern als zutiefst Beteiligter. Das wollte ich jenem «Sie lieben Ihr Land nicht», das mir heute noch in den Ohren klingt, zur Antwort geben. Aber ich möchte, daß zwischen uns alles klar sei. Ich glaube, daß Frankreich seine Macht und seine Herrschaft für lange Zeit verloren hat und daß es lange Zeit verzweifelte Geduld und eine immer wache Auflehnung nötig haben wird, um das zur Entfaltung jeder Kultur unerläßliche Prestige wiederzugewinnen. Doch glaube ich, daß es das alles aus reinen Gründen verloren hat.

Und darum verläßt mich die Hoffnung nicht. Darin liegt der ganze Sinn meines Briefes. Der Mensch, den Sie vor fünf Jahren bedauert haben, weil er seinem Land so zurückhaltend gegenüberstand, ist der gleiche, der Ihnen und allen Menschen unseres Alters in Europa und der ganzen Welt sagen will: «Ich gehöre einer bewundernswürdigen und ausdauernden Nation an, die trotz all ihrer Irrtümer und Schwächen nicht hat verloren gehen lassen, was ihre Größe ausmacht, jenen Begriff, den immer klarer zu formulieren die führende Schicht bisweilen und das Volk jederzeit unablässig bemüht ist. Ich gehöre einem Volk an, das seit vier Jahren den Lauf seiner ganzen Geschichte neu begonnen hat und das sich inmitten der Trümmer ruhig und sicher darauf vorbereitet, eine neue Geschichte anzufangen und in einem Spiel, in dem es ohne Trümpfe dasteht, sein Glück zu versuchen. Dieses Land ist es wert, daß ich es liebe, mit jener wählerischen und anspruchsvollen Liebe, die mir eigen ist. Ich glaube, daß es sich jetzt wohl lohnt, für dieses Land zu kämpfen, da es einer höheren Liebe würdig ist. Und ich sage, daß Ihre Nation im Gegensatz dazu von ihren Söhnen nur die Liebe empfangen hat, die sie verdiente, und diese Liebe war blind. Man wird nicht durch jede Liebe gerechtfertigt, das ist euer Verderben. Und was soll aus euch, die ihr schon in euren größten Siegen besiegt wart, in der bevorstehenden Niederlage werden?»

Juli 1943

ZWEITER BRIEF

ICH HABE IHNEN schon einmal geschrieben, und zwar im Ton der Gewißheit. Über fünf Jahre der Trennung hinweg habe ich Ihnen gesagt, warum wir die Stärkeren sind, nämlich dank dem Umweg auf dem wir unsere Gründe gesucht haben, dank der Verspätung, die uns die Besorgtheit um unser Recht eingetragen hat, dank der Torheit, die uns hieß, alles, was wir liebten, versöhnen zu wollen. Das ist so wichtig, daß ich darauf zurückkommen muß. Ich habe es Ihnen schon gesagt, wir haben diesen Umweg teuer bezahlt. Wir haben lieber die Unordnung in Kauf genommen als die Ungerechtigkeit. Aber gleichzeitig macht dieser Umweg heute unsere Stärke aus, und ihm verdanken wir den bevorstehenden Sieg.

Ja, das alles habe ich Ihnen im Ton der Gewißheit geschrieben, in einem Zug und ohne nach Worten zu suchen. Ich hatte allerdings auch reichlich Zeit, darüber nachzudenken. Die Nacht ist dem Nachdenken günstig. Seit drei Jahren herrscht eine Nacht, die ihr über unsere Städte und Herzen gesenkt habt. Seit drei Jahren verfolgen wir in der Dunkelheit den Gedankengang, der heute in Waffen vor euch tritt. Jetzt kann ich Ihnen vom Geist sprechen. Denn die Gewißheit, die uns heute erfüllt, ist so beschaffen, daß alles seinen Ausgleich und seine Klarheit findet, daß der Geist sich mit dem Mut vermählt. Und ich nehme an, daß Sie, der Sie so leichthin vom Geist sprachen, ihn nun mit großer Überraschung aus so weiter Ferne zurückkehren und plötzlich beschließen sehen, seinen Platz in der Geschichte wieder einzunehmen. An diesem Punkt will ich mich Ihnen wieder zukehren.

Ich werde später noch darauf zurückkommen, daß Gewißheit des Herzens nicht gleichbedeutend ist mit Fröhlichkeit des Herzens. Das verleiht allem, was ich Ihnen schreibe, bereits seinen Sinn. Aber zuvor will ich meine Stellung Ihnen, Ihrem Andenken und unserer Freundschaft gegenüber ins reine bringen. Solange ich es noch vermag, will ich unserer Freundschaft zuliebe das einzige tun, was für eine zu Ende gehende Freundschaft getan werden kann: ich will ihr Klarheit verleihen. Auf das «Sie lieben Ihr Land nicht», das Sie mir manchmal zuwarfen und das mir nicht aus dem Gedächtnis will, habe ich Ihnen schon geantwortet. Heute möchte ich nur auf das ungeduldige Lächeln antworten, mit dem Sie das Wort Geist quittierten. «In all seinen Geistesgrößen», sagten Sie, «verleugnet Frankreich sich selber. Ihre Intellektuellen ziehen ihrer Heimat je nachdem die Verzweiflung oder die Jagd nach einer unwahrscheinlichen Wahrheit vor. Wir hingegen stellen Deutschland diesseits der Wahrheit, jenseits der Verzweiflung.» Das stimmte offenbar. Aber ich habe es Ihnen schon gesagt: wenn wir zuweilen die Gerechtigkeit über unser Land zu stellen schienen, so lag der Grund darin, daß wir unser Land in der Gerechtigkeit lieben wollten, so wie wir es in der Wahrheit und in der Hoffnung zu lieben begehrten. Darin unterscheiden wir uns von euch, wir waren anspruchsvoll. Ihr begnügt euch damit, der Macht eurer Nation zu dienen, und wir träumten davon, der unseren ihre Wahrheit zu schenken. Ihr wart es zufrieden, der Realpolitik zu dienen, und wir bewahrten in unseren schlimmsten Verirrungen verschwommen den Begriff einer Politik der Ehre, die wir heute wiederfinden. Wenn ich ‹wir› sage, meine ich nicht unsere Machthaber. Die Machthaber sind belanglos.

Ich sehe, wie Sie hier wieder lächeln. Sie haben den Worten immer mißtraut. Ich auch, aber noch mehr mißtraute ich mir selber. Sie versuchten, mich auf die Bahn zu locken, die Sie selber eingeschlagen hatten und auf der der Geist sich des Geistes schämt.

Schon damals folgte ich Ihnen nicht. Aber heute wären meine Antworten von mehr Gewißheit getragen. Was ist Wahrheit? sagten Sie. Zweifellos, aber wir wissen zumindest, was Lüge ist: das eben habt ihr uns gelehrt. Was ist Geist? Wir kennen sein Gegenteil, den Mord. Was ist der Mensch? Aber da gebiete ich Ihnen Einhalt, denn das wissen wir. Er ist jene Kraft, die schließlich die Tyrannen und Götter hinwegfegt. Er ist die Kraft der Selbstverständlichkeit. Die Selbstverständlichkeit des Menschseins haben wir zu bewahren, und unsere Gewißheit kommt heute daher, daß sein Schicksal und das unseres Landes miteinander verknüpft sind. Wenn nichts einen Sinn hätte, möchten Sie recht haben. Aber es gibt etwas, das Sinn behält.

Ich kann nicht oft genug wiederholen, daß sich hier unsere Wege trennen. Wir hatten eine Vorstellung von unserem Land, die ihm seinen Platz inmitten anderer Größen, der Freundschaft, des Menschentums, des Glücks, unseres Verlangens nach Gerechtigkeit zuwies. Das führte uns dazu, streng mit ihm zu sein. Aber zum Schluß hatten doch wir recht. Wir haben ihm keine Sklaven gegeben, wir haben seinetwegen keine Konzessionen gemacht. Geduldig haben wir gewartet, bis wir klar sahen, und haben im Elend und im Schmerz die Freude erfahren, gleichzeitig für alles kämpfen zu können, was wir lieben. Ihr dagegen kämpft gegen jenen ganzen Teil des Menschen, der nicht dem Vaterland gehört. Eure Opfer sind ohne Bedeutung, weil eure Größenordnung falsch ist und eure Werte nicht am richtigen Platz stehen. Nicht nur das Herz wird bei euch verraten. Der Geist rächt sich. Ihr habt den Preis, den er fordert, nicht gezahlt, der Klarsicht ihren schweren Tribut nicht zugebilligt. Vom Grund der Niederlage aus kann ich Ihnen sagen, daß dies euer Verderben ist.

Lassen Sie mich indessen lieber folgende Geschichte erzählen. Irgendwo in Frankreich fährt eines Morgens früh ein von bewaffneten Soldaten bewachter Lastkraftwagen elf Franzosen aus einem Gefängnis, das ich kenne, zum Friedhof, wo sie erschossen werden sollen. Unter den elf befinden sich fünf oder sechs, die nicht von ungefähr dabei sind: eine Flugschrift, ein paar Verabredungen, und — schlimmer als alles andere — die Ablehnung. Sie verharren unbeweglich im Innern des Gefährts, gewiß von Angst erfüllt, doch von einer gewöhnlichen Angst, wenn ich so sagen darf, jener Angst, die jeden Menschen angesichts des Unbekannten befällt, einer Angst, mit der der Mut fertig wird. Die anderen haben nichts verbrochen. Und das Wissen, daß sie irrtümlich oder als Opfer einer gewissen Gleichgültigkeit sterben, macht ihnen diese

Stunde schwer. Unter ihnen ein Junge von sechzehn Jahren. Sie kennen das Gesicht unserer Halbwüchsigen, ich will nicht davon sprechen. Dieser hier ist von Angst besessen und überläßt sich ihr, ohne sich zu schämen. Setzen Sie nicht Ihr verächtliches Lächeln auf, er klappert mit den Zähnen. Aber ihr habt ihm einen Geistlichen mitgegeben, dessen Aufgabe es ist, den Männern die entsetzliche Zeit des Wartens zu erleichtern. Ich glaube sagen zu können, daß Männern, die man umbringen wird, ein Gespräch über das zukünftige Leben keine große Hilfe bedeutet. Es ist zu schwer, zu glauben, daß das Massengrab nicht allem ein Ende macht, und so sitzen die Gefangenen stumm auf dem Wagen. Der Geistliche hat sich dem in seinen Winkel verkrochenen Jungen zugewendet. Er wird ihn besser verstehen. Der Junge antwortet, klammert sich an diese Stimme, die Hoffnung kehrt zurück. Im stummen Grauen genügt es zuweilen, daß ein Mensch spricht; vielleicht wird er alles in Ordnung bringen. «Ich habe nichts getan», sagt der Junge. «Ja», antwortet der Geistliche, «aber darum geht es nun nicht mehr. Du mußt dich darauf vorbereiten, tapfer zu sterben.» — «Es ist nicht möglich, daß man mich nicht versteht.» — «Ich bin dein Freund und vielleicht verstehe ich dich. Aber es ist zu spät. Ich werde bei dir sein und der liebe Gott auch. Du wirst schon sehen, es ist ganz leicht.» Der Junge hat sich abgewendet. Der Geistliche spricht von Gott. Glaubt der Junge an ihn? Ja. Dann weiß er also, daß nichts mehr wichtig ist verglichen mit dem Frieden, der auf ihn wartet. Aber gerade dieser Friede jagt dem Jungen Angst ein. «Ich bin dein Freund», wiederholt der Geistliche.

Die anderen schweigen. Man muß sich auch um sie kümmern. Der Pfarrer nähert sich ihrer stummen Gruppe und dreht dem Jungen einen Augenblick den Rücken zu. Der Wagen rollt mit einem leise schmatzenden Geräusch über die taunasse Straße. Stellen Sie sich die graue Stunde vor, den Morgengeruch der Männer, das Land, das man nicht sieht, sondern dank dem Ächzen eines Karrens, dank einem Vogelschrei erahnt. Der Junge schmiegt sich an die Plane, und sie gibt ein bißchen nach. Er entdeckt einen schmalen Durchgang zwischen dem Verdeck und der Karosserie. Er könnte hinausspringen, wenn er wollte. Der andere dreht ihm den Rücken zu, und die Soldaten vorne sind vollauf damit beschäftigt, sich im trüben Morgen zurechtzufinden. Er überlegt nicht, er zieht die Plane weg, schlüpft durch die Öffnung, springt. Kaum hört man, wie seine Füße den Boden berühren, wie eilige Schritte sich entfernen, dann nichts mehr. Die Erde verschluckt das Geräusch seiner Flucht. Doch das Klatschen der Plane, die feuchte Morgenluft, die in den Wagen dringt, veranlassen den Geistlichen und die Verurteilten, sich umzukehren. Eine Sekunde lang mustert der Priester die Männer, die ihn schweigend anschauen. Eine Sekunde, in der der Mann Gottes entscheiden muß, ob er auf Seiten der Henker oder seiner Berufung gemäß auf Seiten der Märtyrer steht. Aber schon hat er an die Wand geklopft, die ihn von seinen Kameraden trennt. «Achtung!» Er schlägt Alarm. Zwei Soldaten stürzen in den Wagen und halten die Gefangenen in Schach. Zwei andere springen auf die Straße und laufen querfeldein. Ein paar Schritte vom Wagen entfernt steht der Geistliche breitbeinig auf dem Asphalt und versucht, ihnen mit dem Blick durch den leichten Nebel zu folgen. Auf dem Wagen horchen die Männer auf die Geräusche dieser Jagd, vernehmen die unterdrückten Zurufe, einen Schuß, Stille, dann wieder Stimmen, die immer näher kommen, und schließlich dumpfe Schritte. Der Junge wird zurückgebracht. Er ist nicht verletzt, aber von diesem feindlichen Dunst umzingelt, plötzlich mutlos, hat er sich selbst aufgegeben und ist stehengeblieben. Seine Wächter tragen ihn mehr, als daß sie ihn führen. Sie haben ihn ein bißchen geschlagen, nicht heftig. Die Hauptsache steht noch bevor. Er hat keinen Blick weder für den Geistlichen noch für sonst jemand. Der Priester sitzt nun neben dem Fahrer. Ein bewaffneter Soldat nimmt im Innern seinen Platz ein. In einen Winkel des Wagens geschleudert, sitzt der Junge da, er weint nicht. Er schaut zu, wie zwischen dem Verdeck und dem Fußboden von neuem die Straße sich abrollt, über der der Tag anbricht.

Ich kenne Sie, Sie werden sich den Rest sehr gut ausmalen können. Aber Sie müssen wissen, wer mir diese Geschichte erzählt hat. Es war ein französischer Priester. Er sagte: «Ich schäme mich für jenen Menschen und bin froh, mir sagen zu dürfen, daß kein französischer Priester bereit gewesen wäre, seinen Gott in den Dienst des Mordes zu stellen.» Das stimmt. Aber jener Geistliche dachte wie Sie. Es schien ihm selbstverständlich, auch seinen Glauben dem Dienst seines Landes unterzuordnen. Bei euch sind selbst die Götter mobilisiert. Sie sind auf eurer Seite, wie ihr sagt, aber gezwungenermaßen. Ihr unterscheidet nichts mehr, ihr seid nur noch ein gespannter Bogen. Und jetzt kämpft ihr einzig mit den Hilfsmitteln des blinden Zorns, schenkt den Waffen und den Heldentaten mehr Beachtung als den Ideen, seid hartnäckig darauf bedacht, alles zu verwirren, euer Scheuklappendenken zu verfolgen. Wir dagegen sind vom Geist und seinem Zögern ausgegangen. Dem Zorn gegenüber waren wir nicht stark genug. Aber jetzt ist der Umweg vollendet. Ein toter Junge hat genügt, damit wir dem Geist den Zorn hinzufügten, und von nun an sind wir zwei gegen einen. Ich will Ihnen noch ein Wort über den Zorn sagen.

Denken Sie zurück. Angesichts meines Erstaunens über den plötzlichen Wutausbruch eines Ihrer Vorgesetzten haben Sie mir gesagt: «Auch das ist richtig. Aber Sie verstehen das nicht. Den Franzosen fehlt eine Tugend: der Zorn.» Nein, das ist es nicht, aber wir Franzosen sind heikel, was die Tugenden anbelangt. Wir üben sie nur, wenn es not tut. Das verleiht unserem Zorn die Stummheit und die Kraft, die zu spüren ihr erst anfangt. Und mit dieser Art von Zorn, der einzigen, die ich an mir kenne, will ich zum Schluß mit Ihnen reden.

Denn ich habe es Ihnen schon gesagt: die Gewißheit bedeutet nicht die Fröhlichkeit des Herzens. Wir wissen, was wir bei diesem langen Umweg verloren haben, wir kennen den Preis, mit dem wir die bittere Freude bezahlen, in Einklang mit uns selbst zu kämpfen. Und weil wir ein ausgeprägtes Gefühl haben für das, was nicht wieder gutzumachen ist, enthält unser Kampf ebenso viel Bitterkeit wie Zuversicht. Der Krieg befriedigte uns nicht. Unsere Gründe waren nicht reif. Den Krieg ohne Uniform, den hartnäckigen, kollektiven Kampf, das wortlose Opfer hat unser Volk gewählt. Das ist der Krieg, den es sich selber gegeben und nicht von stumpfsinnigen oder feigen Regierungen empfangen hat, der Krieg, in dem es sich wiederfindet und in dem es für eine bestimmte Vorstellung kämpft, die es von sich selber hegt. Aber dieser Luxus kommt es entsetzlich teuer zu stehen. Auch hier wieder hat unser Volk ein größeres Verdienst als das Ihre. Denn seine besten Söhne sind es, die fallen. Dieser Gedanke peinigt mich am meisten. Der Krieg ist ein Hohn, der zugleich die Vorteile des Hohns in sich birgt. Der Tod schlägt überall und aufs Geratewohl zu. Im Krieg, den wir führen, macht der Mutige sich selber zur Zielscheibe, und die ihr jeden Tag erschießt, verkörpern unseren reinsten Geist. Denn eure Naivität entbehrt nicht eines ahnungsvollen Zugs. Ihr habt nie gewußt, was es zu wählen galt, aber ihr wißt, was zerstört werden muß. Und wir, die wir uns Verteidiger des Geistes nennen, wir wissen doch, daß der Geist sterben kann, wenn die ihn zerschmetternde Kraft stark genug ist. Aber wir vertrauen auf eine andere Kraft. In den schweigenden, schon von dieser Welt abgewandten Gestalten, die ihr mit Kugeln durchlöchert, glaubt ihr das Gesicht unserer Wahrheit zu entstellen. Aber ihr rechnet nicht mit der Hartnäckigkeit, die Frankreich dazu treibt, im Verein mit der Zeit zu kämpfen. Eine verzweiflungsvolle Hoffnung hält uns in den schweren Stunden aufrecht: unsere Kameraden werden ausdauernder sein als die Henker und zahlreicher als die Kugeln. Sie sehen, die Franzosen sind des Zornes fähig.

Dezember 1943

DRITTER BRIEF

ICH HABE IHNEN bisher von meinem Land gesprochen, und vielleicht hatten Sie zu Beginn den Eindruck, meine Sprache habe sich geändert. Dem ist in Wirklichkeit nicht so. Nur geben wir den gleichen Worten nicht den gleichen Sinn; wir sprechen nicht mehr die gleiche Sprache.

Die Worte nehmen immer die Farbe der Handlungen oder der Opfer an, zu denen sie Anlaß geben. Und bei euch gewinnt das Wort Vaterland einen blutigen, blinden Widerschein, der es mir auf immer entfremdet, während wir das gleiche Wort mit der Flamme einer Erkenntnis begaben, wo der Mut größere Kraft erfordert, wo aber der Mensch sein Menschsein ganz erfüllt. Sie werden schließlich begreifen, daß meine Sprache sich wirklich nicht geändert hat. Sie war schon vor 1939, was sie auch heute noch ist.

Das Bekenntnis, das ich Ihnen ablegen will, wird es Ihnen zweifellos am besten beweisen. Während dieser ganzen Zeit, da wir hartnäckig und schweigend nur unserem Land dienten, haben wir eine Idee und eine Hoffnung nie aus den Augen verloren, sie stets in uns lebendig erhalten: Europa. Allerdings haben wir seit fünf Jahren nicht mehr davon gesprochen. Und zwar weil ihr zu viel Geschrei darum macht. Auch hier sprachen wir nicht die gleiche Sprache; unser Europa ist nicht das eure.

Aber bevor ich Ihnen sage, was es ist, will ich Ihnen zumindest versichern, daß sich unter unseren Gründen, euch zu bekämpfen (und euch zu besiegen) vielleicht kein tieferer befindet als unser Bewußtsein, nicht nur in unserem Land verstümmelt, in unserem lebendigsten Fleisch getroffen, sondern auch unserer schönsten Bilder beraubt worden zu sein, da ihr sie der Welt in einem hassenswerten und lächerlichen Zerrspiegel vorgeführt habt. Am unerträglichsten ist es, das entstellt zu sehen, was man liebt. Und um diesem Begriff von Europa, den ihr den Besten unter uns gestohlen und mit dem euch genehmen empörenden Sinn erfüllt habt, seine Frische und seine Wirksamkeit in uns zu erhalten, bedürfen wir der ganzen Kraft der besonnenen Liebe. So gibt es ein Adjektiv, das wir nicht mehr gebrauchen, seitdem ihr die Armee der Knechtschaft europäisch nennt, aber wir tun es, um eifersüchtig den Sinn rein zu erhalten, den es weiterhin für uns besitzt und den ich Ihnen auseinandersetzen will.

Ihr sprecht von Europa, aber der Unterschied besteht darin, daß für euch Europa ein Besitz ist, während wir uns von ihm abhängig fühlen. Ihr habt erst von dem Tag an so von Europa gesprochen, an dem ihr Afrika verloren hattet. Das ist nicht die richtige Art zu lieben. Der Boden, auf dem so viele Jahrhunderte ihre Zeugnisse hinterlassen haben, ist für euch nur ein Zwangsaufenthalt, während er für uns immer unsere schönste Hoffnung darstellte. Eure zu plötzliche Leidenschaft setzt sich aus enttäuschter Wut und Notwendigkeit zusammen. Dieses Gefühl gereicht niemand zur Ehre, und vielleicht verstehen Sie nun, warum kein Europäer, der dieses Namens würdig ist, etwas davon wissen will.

Ihr sagt Europa, aber ihr meint soldatenreiches Land, Getreidespeicher, dienstbare Industrien, gelenkten Geist. Gehe ich zu weit? Zumindest weiß ich dies eine: wenn ihr von Europa sprecht — selbst wenn ihr es am aufrichtigsten meint und euch von euren eigenen Lügen mitreißen laßt —, könnt ihr nicht umhin, an eine Schar gefügiger Nationen zu denken, die von einem Deutschland der Herren einer großartigen und blutigen Zukunft entgegengeführt werden. Ich möchte, daß Ihnen dieser Unterschied ganz deutlich wird: für euch ist Europa jener von Meeren und Bergen umgürtete, von Stauwehren durchzogene, von Bergwerken unterhöhlte, von Ernten strotzende Raum, in dem Deutschland eine Partie spielt, deren einziger Einsatz sein eigenes Schicksal ist. Für uns jedoch ist Europa jener Boden, auf dem sich seit zwanzig Jahrhunderten das erstaunlichste Abenteuer des menschlichen Geistes abspielt. Es ist jene einzigartige Arena, in der der Kampf des abendländischen Menschen gegen die Welt, gegen die Götter, gegen sich selber, heute den Höhepunkt seines wilden Wogens erreicht. Sie sehen, die beiden Auffassungen lassen sich nicht miteinander vergleichen.

Fürchten Sie nicht, daß ich die Themen einer alten Propaganda wieder gegen Sie ins Feld führe: ich berufe mich nicht auf die christliche Tradition. Das ist ein anderes Problem. Auch davon habt ihr zuviel geredet und euch dabei als Roms Verteidiger aufgespielt; ihr habt euch nicht gescheut, für Christus eine Werbetrommel zu rühren, die ihm seit dem Tag, da er den Judaskuß empfing, nicht mehr neu ist. Aber die christliche Tradition ist nur eine unter den Traditionen, die Europa geschaffen haben, und ich bin nicht befugt, sie euch gegenüber in Schutz zu nehmen. Dazu brauchte es die Veranlagung und die Neigung eines Gott hingegebenen Herzens. Sie wissen, daß dies bei mir nicht der Fall ist. Aber wenn ich mir erlaube, zu denken, daß mein Land im Namen Europas spricht und daß wir mit dem einen gleichzeitig auch das andere verteidigen, dann stehe auch ich in meiner Tradition, einer, die sowohl ein paar großen Individuen als auch einem unerschöpflichen Volk eigen ist. Meine Tradition hat zwei Häupter, den Geist und den Mut, sie hat ihre Geistesfürsten und ihr zahlloses Fußvolk. Beurteilen Sie nun selber, ob dieses Europa, dessen Grenzen vom Genie einiger weniger und vom Wesenskern all seiner Völker umrissen werden, sich von jenem farbigen Klecks unterscheidet, den ihr euch auf provisorischen Karten angeeignet habt.

Erinnern Sie sich: als Sie sich einmal über meine Empörung lustig machen wollten, sagten Sie: «Don Quichotte ist nicht stark genug, wenn Faust ihn besiegen will.» Darauf habe ich Ihnen erwidert, daß weder Faust noch Don Quichotte dazu geschaffen seien, einander zu besiegen, und daß die Kunst nicht dazu da sei, Böses in die Welt zu bringen. Sie liebten damals übertriebene Vergleiche und sagten weiter, man müsse wählen zwischen Hamlet und Siegfried. Zu jener Zeit wollte ich nicht wählen, und vor allem schien mir, das Abendland sei ausschließlich in diesem Gleichgewicht zwischen Kraft und Erkenntnis angesiedelt. Sie jedoch machten sich nichts aus Erkenntnis, Sie sprachen einzig von Macht. Heute sehe ich in mir selber klarer und weiß, daß auch Faust Ihnen nichts nützen wird. Denn wir haben uns in der Tat mit dem Gedanken abgefunden, daß in gewissen Fällen eine Wahl nötig ist. Aber unsere Entscheidung wäre nicht bedeutsamer als die eure, wenn sie nicht im Bewußtsein getroffen worden wäre, daß sie unmenschlich ist und daß die geistigen Werte ein unteilbares Ganzes bilden. Wir werden es später verstehen, zu einen, und das habt ihr nie verstanden. Sie sehen, ich komme immer wieder auf den gleichen Gedanken zurück: wir haben einen weiten Weg hinter uns. Aber wir haben diese Idee teuer genug bezahlt, um das Recht zu besitzen, sie nicht aufzugeben. Aus diesem Grunde sage ich, daß euer Europa nicht das richtige ist. Es hat nichts, das einen oder begeistern könnte. Das unsere ist ein gemeinsames Abenteuer, in dem der Geist weht, und das wir euch zum Trotz fortführen werden.

Ich habe nicht viel hinzuzufügen. Manchmal geschieht es, daß ich in jenen kurzen Ruhepausen, die die langen Stunden des gemeinsamen Kampfes uns vergönnen, unvermittelt an all die Orte in Europa denken muß, die ich gut kenne. Es ist ein herrliches, aus Leid und Geschichte geschaffenes Land. Ich gehe wieder auf die Pilgerfahrten, die ich mit allen abendländischen Menschen unternommen habe: die Rosen in den Kreuzgängen von Florenz, die goldenen Zwiebeldächer von Krakau, der Hradschin mit seinen toten Palästen, die barocken Statuen auf der Karlsbrücke über der Moldau, die lieblichen Gärten von Salzburg. All die Blumen und die Steine, die Hügel und die Landschaften, in denen die Zeit der Menschen und die Zeit der Welt die alten Bäume mit den Bauwerken haben verwachsen lassen! Mein Gedächtnis hat die übereinandergelagerten Bilder verschmolzen, um ein einziges Antlitz daraus zu machen, das meiner großen Heimat. Und mein Herz schnürt sich zusammen, wenn ich dann denke, daß seit Jahren auf dieses kraftvolle und gequälte Gesicht euer Schatten fällt. Und doch haben Sie und ich ein paar dieser Orte gemeinsam besucht. Damals ahnte ich nicht, daß wir sie eines Tages von euch befreien müßten. Und in gewissen Augenblicken der Wut und der Verzweiflung bedaure ich, daß im Kreuzgang von San Marco die Rosen weiterhin blühen, daß die Tauben sich in Schwärmen vom Salzburger Dom lösen und daß auf den kleinen schlesischen Friedhöfen die Geranien unermüdlich ihre roten Blüten treiben.

Aber in anderen Augenblicken, den einzig wahren, freue ich mich darüber. Denn all diese Landschaften, diese Bäume und diese Ackerfurchen, der älteste Erdboden, beweisen euch jedes Frühjahr, daß es Dinge gibt, die ihr nicht im Blut ersticken könnt. Mit diesem Bild kann ich aufhören. Es würde mir nicht genügen, zu denken, daß alle großen Toten des Abendlandes und dreißig Völker auf unserer Seite stehen: ich könnte der Erde nicht entbehren. Und so weiß ich, daß alles in Europa, Landschaft und Geist, euch in aller Ruhe, ohne wirren Haß, mit der bedächtigen Kraft des Siegers ablehnt. Die Waffen, über die der europäische Geist gegen euch verfügt, sind die gleichen, die auch diese unaufhörlich in Ernten und Blüten wiedergeborene Erde besitzt. Der Kampf, den wir führen, ist des Sieges gewiß, weil ihm die Hartnäckigkeit des Frühlings eignet.

Und schließlich weiß ich auch, daß mit eurer Niederlage nicht alles getan ist. Europa muß dann erst geschaffen werden. Es muß immer geschaffen werden. Aber zumindest wird es noch Europa sein, das heißt das, was ich Ihnen eben beschrieben habe. Nichts wird verloren sein. Stellen Sie sich doch vor, was wir jetzt sind, unserer Gründe gewiß, unser Land liebend, von ganz Europa mitgerissen und im wahren Gleichgewicht zwischen dem Opfer und dem Verlangen nach Glück, zwischen dem Geist und dem Schwert. Ich sage es Ihnen noch einmal, weil ich es Ihnen sagen muß, ich sage es Ihnen, weil es die Wahrheit ist und die Wahrheit Ihnen den Weg klarmachen wird, den mein Land und ich seit der Zeit

unserer Freundschaft zurückgelegt haben: von nun an erfüllt uns
eine Überlegenheit, die euch vernichten wird.

April 1944

VIERTER BRIEF

«*Der Mensch ist vergänglich. Das mag sein;*
aber wir wollen widerstrebend vergehen
und dem Nichts, wenn es unser wirklich wartet,
keinen Anschein von Gerechtigkeit geben!»
Senancour: Obermann, 90. Brief

NUN NAHT DIE ZEIT Ihrer Niederlage. Ich schreibe Ihnen aus einer Stadt, die berühmt ist auf der ganzen Welt und die sich gegen euch zu einem Morgen der Freiheit rüstet. Sie weiß, daß das nicht leicht ist und daß sie zuvor durch eine noch dunklere Nacht schreiten muß, als jene war, die vor vier Jahren mit eurem Kommen begann. Ich schreibe Ihnen aus einer Stadt, der es an allem mangelt, an Licht und Feuer, einer ausgehungerten, aber immer noch nicht besiegten Stadt. Bald wird sich hier ein Wind erheben, von dem Sie noch keine Ahnung haben. Wenn wir Glück hätten, würden wir uns dann begegnen und könnten uns als Wissende bekämpfen. Ich habe einen klaren Begriff von Ihren Gründen, und Sie können sich die meinen gut vorstellen.

Diese Julinächte sind gleichzeitig leicht und schwer. Leicht über der Seine und in den Bäumen, schwer im Herzen der Menschen, die auf das einzige Morgengrauen warten, nach dem sie fortan verlangen. Ich warte und ich denke an Sie: noch etwas, ein Letztes, muß ich Ihnen sagen. Ich will Ihnen sagen, wie es möglich ist, daß wir so ähnlich waren und heute Feinde sind, wie ich an Ihrer Seite hätte stehen können und warum jetzt alles aus ist zwischen uns.

Lange Zeit haben wir gemeinsam geglaubt, diese Welt habe keinen tieferen Sinn und wir seien um etwas betrogen. In gewisser Hinsicht glaube ich es heute noch. Aber ich habe andere Schlüsse daraus gezogen als jene, von denen Sie mir damals sprachen und denen Sie seit so vielen Jahren geschichtliche Wirklichkeit zu verleihen suchen. Ich sage mir heute, daß ich Ihnen in Ihrem Tun recht geben müßte, wenn ich mich wirklich von Ihren Gedankengängen hätte überzeugen lassen. Und das ist so schwerwiegend, daß ich mich damit befassen muß, im Herzen dieser Sommernacht, die so trächtig ist an Verheißungen für uns und Drohungen für Sie.

Sie haben nie an den Sinn dieser Welt geglaubt und sind dabei zum Schluß gekommen, daß alles gleichwertig sei und Gut und Böse nach Belieben definiert werden könnten. Sie haben angenommen, daß es angesichts des Fehlens aller menschlichen oder göttlichen Moral einzig die Werte gebe, die im Tierreich herrschen, nämlich Gewalt und List. Daraus haben Sie geschlossen, daß der Mensch nichts sei und man seine Seele töten könne, daß in unserer höchst sinnlosen Geschichte die Aufgabe eines Individuums nur im Erlebnis der Macht bestehen könne und seine Moral nur im Realismus der Eroberung. Und in Tat und Wahrheit sah ich, der ich gleich zu denken wähnte wie Sie, kaum ein Argument, das Ihnen widersprochen hätte, außer einem heftigen Bedürfnis nach Gerechtigkeit, das mir schließlich ebenso unvernünftig vorkam wie irgendeine plötzliche Leidenschaft.

Wo lag der Unterschied? Sie fanden sich leichten Sinnes damit ab, zu verzweifeln, während ich nie dazu bereit war. Sie waren so überzeugt von der Ungerechtigkeit unseres Seins, daß Sie sich entschlossen, dazu beizutragen, während mir im Gegenteil schien, der Mensch müsse auf Gerechtigkeit pochen, um gegen die ewige Ungerechtigkeit zu kämpfen, Glück schaffen, um sich gegen die Welt des Unglücks aufzulehnen. Weil Sie aus Ihrer Verzweiflung einen Rausch gemacht haben, weil Sie sich davon befreiten, indem Sie sie zum Prinzip erhoben, haben Sie eingewilligt, die Werke des Menschen zu zerstören und gegen ihn zu kämpfen, um das Elend seines Daseins zu vollenden. Ich dagegen lehnte diese Verzweiflung und diese gequälte Welt ab und begehrte nur, daß die Menschen ihre Solidarität wiederfinden, um den Kampf gegen ihr empörendes Schicksal aufzunehmen.

Sie sehen, wir haben aus dem gleichen Grundsatz zwei verschiedene Lehren gezogen. Denn unterwegs haben Sie die Klarsicht aufgegeben und es praktischer (Sie hätten gesagt, gleichgültig) gefunden, daß ein anderer für Sie und für Millionen Deutsche denkt. Weil Sie es müde waren, gegen den Himmel zu kämpfen, haben Sie in diesem aufreibenden Abenteuer Ruhe gesucht, bei dem Ihre Aufgabe darin besteht, die Seelen zu verstümmeln und die Erde zu vernichten. Mit einem Wort: Sie haben sich für die Ungerechtigkeit entschieden. Sie haben sich auf die Seite der Götter geschlagen. Ihre Logik war ein Trug.

Ich jedoch habe mich für die Gerechtigkeit entschieden, um der Erde treu zu bleiben. Ich glaube weiterhin, daß unserer Welt kein tieferer Sinn innewohnt. Aber ich weiß, daß etwas in ihr Sinn hat, und das ist der Mensch, denn er ist das einzige Wesen, das Sinn fordert. Diese Welt besitzt zumindest die Wahrheit des Menschen, und unsere Aufgabe besteht darin, ihm seine Gründe gegen das Schicksal in die Hand zu geben. Und die Welt hat keine anderen Seinsgründe als den Menschen, und ihn muß man retten, wenn man die Vorstellung retten will, die man sich vom Leben macht. Ihr abschätziges Lächeln wird sagen: was heißt das, den Menschen retten? Ich aber schreie es Ihnen mit jeder Faser meines Wesens zu: es heißt, ihn nicht verstümmeln, und es heißt, der Gerechtigkeit, die er als einziger sich vorzustellen vermag, ihre Chance gewähren.

Darum befinden wir uns im Kampf. Darum mußten wir Ihnen zuerst auf einen Weg folgen, von dem wir nichts wissen wollten und an dessen Ende wir schließlich die Niederlage erfuhren. Denn Ihre Verzweiflung macht Ihre Stärke aus. Vom Augenblick an, da nur noch die Verzweiflung übrigbleibt, rein und unbarmherzig in ihren Schlußfolgerungen, besitzt sie eine gnadenlose Macht. Sie hat uns zerschmettert, als wir zögerten und mit einem Auge noch auf Bilder des Glücks blickten. Wir glaubten, das Glück sei die höchste aller Eroberungen, die man dem uns aufgezwungenen Schicksal abringt. Selbst in der Niederlage ließ diese Sehnsucht uns nicht los.

Aber ihr habt das Nötige getan, und wir sind in die Geschichte eingetreten. Und fünf Jahre lang war es nicht mehr möglich, sich in der Abendkühle am Gesang der Vögel zu freuen. Es mußte mit Gewalt verzweifelt werden. Wir waren von der Welt getrennt, denn an jeden Augenblick der Welt heftete sich ein ganzer Schwarm tödlicher Bilder. Seit fünf Jahren gibt es auf dieser Erde keinen Morgen ohne Todeskampf, keinen Abend ohne Kerker, keinen Mittag ohne Gemetzel. Ja, wir waren gezwungen, euch zu folgen. Aber unsere schwer zu vollbringende Heldentat bestand darin, euch in den Krieg zu folgen, ohne das Glück zu vergessen. Und durch das Getümmel und die Gewalt hindurch versuchten wir, die Erinnerung an ein glückhaftes Meer, einen nie vergessenen Hügel, das Lächeln eines geliebten Gesichts im Herzen zu bewahren. Gleichzeitig war dies unsere stärkste Waffe, die Waffe, die wir nie niederlegen werden. Denn an dem Tag, da wir sie aufgäben, wären wir ebenso tot wie ihr. Nur wissen wir jetzt, daß es viel Zeit und zu viel Blut braucht, um die Waffen des Glücks zu schmieden.

Wir mußten auf eure Philosophie eingehen, einwilligen, euch ein wenig ähnlich zu werden. Ihr hattet das ziellose Heldentum gewählt, denn es ist der einzige Wert, der einer ihres Sinnes verlustigen Welt verbleibt. Und indem ihr es für euch wähltet, wähltet ihr es für alle und auch für uns. Wir waren gezwungen, euch nachzuahmen, um nicht zu sterben. Aber da merkten wir, daß unsere Überlegenheit euch gegenüber darin bestand, daß wir ein Ziel hatten. Jetzt, da das Ende naht, können wir euch sagen, was wir gelernt haben: daß nämlich Heldentum etwas Geringes ist und Glück ein größeres Bemühen erfordert.

Jetzt muß Ihnen alles klar sein; Sie wissen, daß wir Feinde sind. Sie sind der Mann der Ungerechtigkeit, und es gibt nichts auf der Welt, das mein Herz mehr verabscheute. Aber jetzt ist mir klar bewußt, was früher nur ein blindes Gefühl war. Ich bekämpfe Sie, weil Ihre Logik ebenso verbrecherisch ist wie Ihr Herz. Und an dem Grauen, mit dem ihr uns vier Jahre lang überschwemmt habt, hat Ihre Vernunft ebensoviel Anteil wie Ihr Instinkt. Darum verurteile ich euch restlos, in meinen Augen seid ihr schon tot. Aber während ich euer entsetzliches Benehmen richte, werde ich daran denken, daß ihr und wir von der gleichen Einsamkeit ausgegangen sind, daß ihr und wir und ganz Europa die gleiche Tragödie des Geistes erleben. Und euch zum Trotz werde ich euch den Namen Mensch nicht absprechen. Wenn wir unserem Glauben treu sein wollen, sind wir gezwungen, das in euch zu achten, was ihr bei den anderen nicht achtet. Lange Zeit war das ein gewaltiger Vorteil für euch, da euch das Töten leichter fällt als uns. Und bis ans Ende der Zeiten wird das der Vorteil all derer sein, die euch gleichen. Aber bis ans Ende der Zeiten werden wir, die wir euch nicht gleichen, Zeugnis abzulegen haben, damit der Mensch über seine schlimmsten Irrtümer hinweg seine Rechtfertigung und seinen Adel der Unschuld erlangt.

Darum kann ich Ihnen am Ende dieses Kampfes von der Stadt aus, die ein Höllengesicht bekommen hat, trotz aller den Unseren zugefügten Foltern, trotz unserer entstellten Toten und unserer Dörfer voll Waisen sagen, daß wir selbst im Augenblick, da wir euch mitleidslos vernichten werden, keinen Haß gegen euch empfinden. Und sogar wenn wir morgen wie so viele andere sterben müßten, würden wir keinen Haß empfinden. Wir können nicht gewährleisten, daß wir keine Angst hätten, wir würden nur versuchen, uns zu beherrschen. Aber wir können gewährleisten, nichts zu hassen. Mit dem einzigen auf Erden, das ich heute hassen könnte, sind wir im reinen, ich wiederhole es; wir wollen euch in eurer Macht vernichten, ohne eure Seele zu verstümmeln.

Sie sehen, daß Sie uns gegenüber auch jetzt noch Ihren Vorteil bewahren. Aber er macht gleichzeitig unsere Überlegenheit aus. Und sie bewirkt, daß mir diese Nacht nun leicht wird. Unsere Stärke besteht darin, daß wir über das Wesen der Welt denken wie Sie, daß wir nichts ablehnen von der Tragödie des Menschen, die uns eigen ist, daß wir aber gleichzeitig am Ende dieser Katastrophe des Geistes die Idee des Menschen gerettet haben und daraus den unermüdlichen Mut zur Neugeburt schöpfen. Gewiß wird die Anklage, die wir gegen die Welt erheben, dadurch nicht geringer. Wir haben dieses neue Wissen zu teuer bezahlt, als daß unser Dasein uns nicht mehr verzweifelt erschiene. Hunderttausend im Morgengrauen ermordete Menschen, die entsetzlichen Gefängnismauern, ein Europa, dessen Erde von Millionen Leichen seiner Kinder dampft, das alles war nötig, um den Erwerb von zwei oder drei Nuancen zu bezahlen, die vielleicht keinen anderen Nutzen haben werden, als ein paar wenigen unter uns zu einem sinnvolleren Tod zu verhelfen. Ja, das kann einen wohl zur Verzweiflung treiben. Aber wir müssen beweisen, daß wir so viel Ungerechtigkeit nicht verdienen. Das ist die Aufgabe, die wir uns vorgenommen haben, und sie beginnt morgen. In dieser europäischen, vom Hauch des Sommers durchwehten Nacht rüsten sich Millionen bewaffneter und wehrloser Menschen zum Kampf. Der Tag bricht an, da ihr endlich besiegt seid. Ich weiß, daß der Himmel, der eure furchtbaren Siege voll Gleichgültigkeit betrachtete, eure gerechte Niederlage ebenfalls gleichgültig hinnehmen wird. Auch heute erwarte ich nichts von ihm. Aber wir werden zumindest dazu beigetragen haben, die Kreatur vor der Einsamkeit zu retten, in die ihr sie verweisen wolltet. Weil ihr diese Treue zum Menschen verachtet habt, werdet nun ihr zu Tausenden einsam sterben. Jetzt kann ich Ihnen Lebewohl sagen.

Juli 1944

Der Abtrünnige
oder
Ein verwirrter Geist

Was für ein Kuddelmuddel, was für ein Kuddelmuddel! Ich muß Ordnung in meinen Kopf bringen. Seit sie mir die Zunge abgeschnitten haben, läuft eine andere Zunge, was weiß ich, unaufhörlich in meinem Schädel, etwas redet oder vielleicht jemand, der dann plötzlich verstummt, und nachher fängt alles wieder von vorne an, oh, ich höre zu viele Dinge, die ich jedoch nicht weitersage, was für ein Kuddelmuddel, und wenn ich den Mund öffne, tönt es wie rollende Kiesel. Ordnung, eine Ordnung, sagt die Zunge, und zugleich spricht sie von anderen Dingen, ja, nach Ordnung hat mich immer verlangt. Eines wenigstens ist sicher: ich warte auf den Missionar, der meine Stelle einnehmen soll. Ich befinde mich hier eine Stunde von Taghâza entfernt auf der Piste, ich halte mich zwischen ein paar Felsbrocken verborgen und sitze auf dem alten Gewehr. Der Morgen dämmert über der Wüste, es ist noch sehr kalt, gleich wird es zu heiß sein, dieses Land macht einen verrückt, und ich, seit so vielen Jahren, daß ich sie schon gar nicht mehr nachrechnen kann ... Nein, noch ein bißchen ausgeharrt! Der Missionar muß heute morgen kommen oder heute abend. Ich habe gehört, er werde von einem Führer begleitet sein, vielleicht haben sie nur ein Kamel für sie beide. Ich werde warten, ich warte, die Kälte, die Kälte allein läßt mich zittern. Hab weiter Geduld, dreckiger Sklave!

Seit so langer Zeit schon gedulde ich mich. Als ich noch daheim war, auf jener Hochebene im Massif Central, mein Vater unflätig, meine Mutter grob, der Wein, jeden Tag die Specksuppe, vor allem der Wein, sauer und kalt, und der lange Winter, der eisige Wind, die Schneeverwehungen, die ekelhaften Farnkräuter, oh, ich wollte fort, sie Knall und Fall verlassen und endlich zu leben anfangen, in der Sonne, mit klarem Wasser. Ich glaubte dem Pfarrer, er erzählte mir vom Seminar, er beschäftigte sich jeden Tag mit mir, er hatte ja Zeit in dieser protestantischen Gegend, wo er die Mauern entlangstrich, wenn er das Dorf durchquerte. Er sprach mir von einer Zukunft und von der Sonne, der Katholizismus ist die Sonne, sagte er, und er hielt mich zum Lesen an, er hat mir Latein in meinen harten Schädel gehämmert, ‹intelligent dieser kleine, aber ein rechter Maulesel›, so hart war mein Schädel übrigens, daß er in meinem ganzen Leben, sooft ich auch umfiel, noch nie geblutet hat, ‹Kalbskopf› sagte mein Vater, dieses Schwein. Im Seminar waren sie alle stolz, Zuwachs aus dem protestantischen Gebiet, das war ein Sieg, sie sahen meinem Kommen entgegen wie der Sonne von Austerlitz. Eine bläßliche Sonne allerdings, wegen des Alkohols, sie haben den sauren Wein getrunken, und ihre Kinder haben schlechte Zähne, kch kch, seinen Vater töten, das müßte man, aber keine Gefahr, wahrhaftig, daß er sich der Mission verschreibt, sintemal er schon lange tot ist, der saure Wein hat ihm schließlich den Magen zerlöchert, also bleibt nichts anderes als den Missionar zu töten.

Ich habe eine Rechnung zu begleichen mit ihm und mit seinen Meistern, mit meinen Meistern, die mich betrogen haben, mit dem dreckigen Europa, alle haben sie mich betrogen. Die Mission, dieses Wort führten sie ständig im Mund, zu den Wilden gehen und ihnen sagen: ‹Hier bringe ich euch meinen Herrn, schaut ihn an, er schlägt nicht und er tötet nicht, er gebietet mit sanfter Stimme, er hält die andere Wange hin, er ist der größte aller Herren, hanget ihm an, schaut, wie er mich zu einem besseren Menschen gemacht hat, beleidigt mich, dann werdet ihr schon sehen.› Ja, ich habe geglaubt, kch kch, und ich fühle mich als besserer Mensch, ich war dicker geworden, ich war beinahe schön, mich verlangte nach Beleidigungen. Wenn wir im Sommer in dichtgefügten schwarzen Reihen durch das sonnige Grenoble marschierten und Mädchen in leichten Kleidern begegneten, wandte ich für mein Teil die Augen nicht ab, ich verachtete sie, ich wartete darauf, daß sie mich beleidigen sollten, und manchmal lachten sie. Dann dachte ich: ‹Möchten sie mich doch schlagen und mir ins Gesicht spucken!› Aber ihr Lachen war eigentlich nichts anderes, seine Zähne und Stacheln zerfleischten mich, die Beleidigung und das Leiden waren süß! Mein Beichtvater begriff mich nicht, wenn ich mich schlecht machte. ‹Aber nein, Sie haben auch Gutes in sich!› Gutes! Sauren Wein hatte ich in mir, nichts weiter, und es war auch richtig so, wie soll man besser werden, wenn man nicht schlecht ist, das hatte ich aus allen ihren Lehren wohl herausgemerkt. Im Grunde hatte ich nur das begriffen, eine einzige Idee, und als intelligenter Maulesel blieb ich nicht auf halbem Wege stehen, ich heischte Bußübungen, ich kargte mit dem kärglichen Essen, kurz, ich wollte ebenfalls ein Beispiel sein, auf daß man mich sehe, und wenn man mich sah, dem Ehre erwies, was mich besser gemacht hatte, durch mich hindurch ehret meinen Herrn.

Unzähmbare Sonne! Sie geht auf, die Wüste wandelt sich, sie besitzt nicht mehr die Farbe der Bergzyklamen, oh, meine Berge, und der Schnee, der weiche mollige Schnee, nein, sie ist von etwas grauem Gelb, die undankbare Stunde vor dem großen Blenden. Nichts, noch immer nichts bis zum Horizont dort drüben, wo die Hochebene in einem Kreis noch sanfter Farben verschwimmt. Hinter mir steigt die Piste bis zur Düne, die Taghâza verbirgt, Taghâza, dessen eiserner Name seit so viel Jahren in meinem Kopf hämmert. Der erste, der mir davon sprach, war der alte, halb blinde Priester, der zur Verrichtung seiner Andachtsübungen ins Kloster kam, aber wieso der erste? Der einzige war er, und was mich an seiner Erzählung in Bann schlug, war nicht die Stadt aus Salz, die weißen Mauern in der glühenden Sonne, sondern die Grausamkeit der wilden Bewohner und der Umstand, daß die Stadt allen Fremden verschlossen blieb, ein einziger unter all denen, die versucht hatten, in sie einzudringen, ein einziger, soviel er wußte, hatte erzählen können, was er gesehen. Sie hatten ihn ausgepeitscht und in die Wüste hinausgejagt, nachdem sie Salz in seine Wunden und in seinen Mund gestreut, er hatte Nomaden getroffen, ausnahmsweise waren sie nicht fühllos, ein Glück, und ich träumte fortan von dieser Erzählung, vom Feuer des Salzes und des Himmels, vom Haus des Fetischs und seinen Sklaven, vermochte man sich etwas Barbarischeres, etwas Erregenderes auszudenken, ja, dort lag meine Aufgabe, und ich mußte hingehen und ihnen meinen Herrn zeigen.

Was hat man mir im Seminar nicht alles entgegengehalten, um mich davon abzubringen, ich müsse zuwarten, es sei kein Land für eine Mission, ich sei nicht reif dafür, ich müsse mich besonders vorbereiten, wissen, wer ich sei, und dann müsse man mich erst noch erproben, und dann würde man sehen! Aber immer warten, o nein! Einverstanden meinetwegen mit der besonderen Vorbereitung und der Erprobung, denn sie fand in Algier statt und brachte mich somit meinem Ziele näher, aber im übrigen schüttelte ich meinen harten Schädel und wiederholte immer das gleiche, zu den wildesten Barbaren gehen und mit ihnen leben, ihnen in ihrer eigenen Umgebung und sogar im Hause des Fetischs durch das Beispiel zeigen, daß die Wahrheit meines Herrn stärker war. Sie würden mich zweifellos beleidigen, aber die Beleidigungen flößten mir keine Angst ein, sie gehörten zur Beweisführung, und durch die Art und Weise, wie ich sie erduldete, mußte ich diese Wilden unterwerfen wie eine machtvolle Sonne. Machtvoll, ja, das war das Wort, von dem ich mir ohne Unterlaß die Zunge kitzeln ließ, ich träumte von der unumschränkten Macht, jener Macht, die den Gegner zur Übergabe zwingt, sein Knie zur Erde beugt, ihn schließlich bekehrt, und je größer die Blindheit, die Grausamkeit, die Selbstsicherheit und Überzeugungstreue des Widersachers ist, desto lauter verkündet seine Unterwerfung die Herrlichkeit dessen, der seine Niederlage herbeigeführt hat. Biedere, ein bißchen in die Irre gegangene Leute zu bekehren, war das klägliche Ideal unserer Priester, ich verachtete sie, weil sie so viel vermochten und so wenig wagten, sie hatten den Glauben nicht, und ich hatte ihn, ich wollte selbst von den Henkersknechten anerkannt werden, sie in die Knie zwingen und ihnen den Ruf abtrotzen: ‹Herr, sieh deinen Sieg›, kurz, ich wollte mit dem bloßen Wort über ein Heer von Ungerechten herrschen. Ah, ich war gewiß, in dieser Sache recht zu haben, sonst war ich meiner selbst nie sehr sicher, aber wenn ich einmal eine Idee habe, lasse ich nicht mehr locker, das ist meine Stärke, jawohl, die eigene Stärke in mir, mit dem sie alle Mitleid hatten!

Die Sonne ist höher gestiegen, meine Stirn beginnt zu glühen. Die Steine rings um mich knacken dumpf, nur der Lauf des Gewehrs ist kühl, kühl wie die Wiesen, wie der Abendregen, einst, wenn die Suppe leise brodelte, sie warteten auf mich, mein Vater und meine Mutter, die mir manchmal zulächelten, vielleicht liebte ich sie. Aber das ist vorbei, ein Hitzeschleier beginnt von der Piste aufzusteigen, komm Missionar, ich warte auf dich, ich weiß jetzt, was es der Botschaft zu erwidern gilt, meine neuen Herren haben mir die Lektion beigebracht, und ich weiß, daß sie recht haben, man muß es der Liebe heimzahlen. Als ich aus dem Seminar in Algier floh, stellte ich sie mir anders vor, diese Barbaren, nur etwas hatte ich mir richtig ausgemalt, sie sind böse. Ich hatte die Kasse des Verwalters gestohlen und die Soutane ausgezogen, ich habe den Atlas überquert, die Hochebenen und die Wüste, der Fahrer der Transsahara-Gesellschaft warnte mich höhnisch, ‹geh nicht dorthin›, auch er, was hatten sie bloß alle, und über Hunderte von Kilometern die Wogen von Sand, zerzaust, vom Wind vorwärtsgepeitscht und wieder zurückgetrieben, und von neuem das Gebirge, lauter schwarze Zacken und Grate, scharf geschliffen wie Eisen, und dann mußte man einen Führer nehmen, um über das Meer aus braunen Kieseln zu gehen, das kein Ende nehmen wollte, das vor Hitze brüllte und aus tausend feuergespickten Spiegeln brannte, bis zu jener Stelle an der Grenze zwischen der Erde der Schwarzen und dem weißen Land, wo die Stadt aus Salz sich erhebt. Und das Geld, das der Führer mir gestohlen hat, vertrauensselig, wie immer vertrauensselig hatte ich es ihm gezeigt, er aber ließ mich auf der Piste, ungefähr hier, nachdem er mich geschlagen hatte, ‹Hund, dort ist der Weg, ich halte mein Wort, geh dorthin, sie werden es dir schon beibringen›, und sie haben es mir beigebracht, o ja, sie sind wie die

Sonne, die nicht aufhört, immerfort zu strafen, außer nachts, gleißend und hoffärtig, die mich in diesem Augenblick hart straft, zu hart, mit glühenden, plötzlich aus dem Boden aufschießenden Lanzen, o Zuflucht, ja Zuflucht unter dem großen Felsen, ehe alles sich verwirrt.

Der Schatten hier tut gut. Wie kann man in der sälzernen Stadt leben, auf dem Grund jenes von Weißglut erfüllten Beckens? Auf einer jeden der senkrechten, mit dem Pickel gehauenen und grob geglätteten Mauern sträuben sich die vom Werkzeug hinterlassenen Kerben wie blendende Schuppen, verwehter heller Sand gibt ihnen eine gelbliche Färbung, außer wenn der Wind die schroffen Wände und Terrassen reinfegt, dann erglänzt alles in blitzender Weiße, und der Himmel ist ebenfalls bis zu seiner blauen Rinde abgeschrubbt. Blind wurde ich in jenen Tagen, da der Brand stundenlang unbeweglich über den weißen Terrassen prasselte, die sich alle zusammenzuschließen schienen, als hätten ihre Bewohner vor Zeiten einmal vereint einen Salzberg angegriffen, ihn zuerst eingeebnet und dann in der Substanz selber die Straßen, das Innere der Häuser und die Fenster ausgehöhlt oder als hätten sie, ja, das ist besser, als hätten sie ihre weiße brennende Hölle mit kochendem Wasser wie mit einem Lötkolben ausgeschnitten, nur eben um zu zeigen, daß sie an einem Ort zu wohnen verstünden, wo sonst keiner es je vermöchte, dreißig Tage von allem Leben entfernt, in dieser Vertiefung inmitten der Wüste, wo die Hitze des Mittags jede Berührung zwischen den Menschen verbietet, ein Fallgitter unsichtbarer Flammen und siedender Kristalle zwischen ihnen aufrichtet, wo die Kälte der Nacht sie ohne Übergang einzeln in ihren Gemmenmuscheln erstarren läßt, nächtliche Bewohner einer trockenen Eisscholle, schwarze Eskimos, die auf einmal in ihren würfligen Iglus vor Kälte zittern. Schwarz, ja, denn sie sind in lange schwarze Tücher gekleidet, und das Salz, das Haut und Knochen durchdringt, dessen Bitterkeit man im Polarschlaf der Nächte auf der Zunge spürt, das man im Wasser der Quelle trinkt, der einzigen, in einer glänzenden Höhlung gesammelten, es hinterläßt auf ihren Gewändern manchmal schmierige Spuren wie Schnecken nach dem Regen.

Regen, o Herr, einen einzigen Regen, lang und kräftig, den Regen deines Himmels! Dann endlich würde die allmählich unterhöhlte, fürchterliche Stadt langsam und unaufhaltsam in sich zusammensinken und, gänzlich zu einem schleimigen Wildbach zerschmolzen, ihre grausamen Bewohner in den Sand hinausschwemmen. Einen einzigen Regen, Herr! Aber was denn, welcher Herr, sie sind die Herren! Sie herrschen über ihre unfruchtbaren

Häuser, ihre schwarzen Sklaven, die sie im Bergwerk zu Tode schinden, und jede ausgehauene Salzplatte ist in den Ländern des Südens ein Menschenleben wert, sie gehen schweigend, in ihre Trauerschleier gehüllt, durch die mineralische Weiße der Straßen, und wenn die Nacht hereingebrochen ist und die ganze Stadt wie ein milchiger Schemen anmutet, treten sie gebückt in den Schatten der Häuser, wo die Wände aus Salz leise schimmern. Sie schlafen einen schwerelosen Schlaf, und sobald sie erwacht sind, erteilen sie ihre Befehle, sie schlagen drein und sagen, daß sie ein einziges Volk sind, daß ihr Gott der einzig wahre ist und daß man gehorchen muß. Sie sind meine Herren, sie kennen kein Mitleid, und nach Herrenart wollen sie allein sein, allein vorwärtsschreiten, allein herrschen, da sie allein den Wagemut hatten, in Salz und Sand eine kalte, sengende Stadt zu bauen. Und ich . . .

Was für ein Kuddelmuddel, wenn die Hitze zunimmt, ich schwitze, sie nie, jetzt wird auch der Schatten heiß, ich spüre die Sonne auf dem Stein über mir, sie sticht, sie hämmert auf alle Steine nieder, und das ist die Musik, die mächtige Musik des Mittags, Schwingung von Luft und Gestein über Hunderte von Kilometern, kch, wie früher wird die Stille mir vernehmbar. Ja, diese gleiche Stille war es, die mich vor Jahren empfing, als die Wächter mich in der Sonne vor sich führten, in die Mitte des Platzes, von dem aus die übereinandergeschichteten Terrassen sich allmählich gegen den auf den Rändern des Beckens aufliegenden Deckel aus hartblauem Himmel erheben. Da lag ich, in der Vertiefung dieses weißen Schildes auf die Knie geworfen, die Augen zerstochen von den Schwertern aus Salz und Feuer, die aus allen Mauern zuckten, bleich vor Müdigkeit, das Ohr blutig vom Schlag, den der Führer mir gegeben hatte, und sie, groß und schwarz, schauten mich wortlos an. Der Tag stand in seiner Mitte. Unter dem Hämmern der eisernen Sonne erklirrte der Himmel, weißglühendes Blech, die gleiche Stille umfing mich, und sie schauten mich an, die Zeit verging, sie hörten nicht auf, mich anzuschauen, aber ich konnte ihren Blicken nicht standhalten, ich keuchte stärker und stärker, schließlich weinte ich, und plötzlich kehrten sie mir schweigend den Rücken und gingen alle zusammen in der gleichen Richtung davon. Auf den Knien liegend, sah ich unter den langen, dunklen, bei jedem Schritt wippenden Kleidern nur ihre salzschimmernden Füße in den roten und schwarzen Sandalen mit der leicht aufwärts geschwungenen Spitze und den leise klappernden Absätzen, und als der Platz leer war, schleppte man mich in das Haus des Fetischs.

Kauernd wie heute im Schutze des Felsens, und das Feuer über meinem Kopf dringt durch die Dichte des Gesteins, blieb ich mehrere Tage im schattigen Hause des Fetischs, das ein wenig höher ist als die anderen, umgeben von einem Salzwall, doch fensterlos, erfüllt von funkelnder Nacht. Mehrere Tage, und man gab mir einen Napf mit brackigem Wasser und Körner, die man mir hinwarf wie den Hühnern, ich las sie auf. Tagsüber blieb die Türe verschlossen, und doch wurde das Dunkel lichter, als gelänge es der unwiderstehlichen Sonne, sich einen Weg durch die Salzmassen zu bahnen. Keine Lampe, aber wenn ich mich die Wände entlangtastete, berührte ich Girlanden von dürren Palmblättern, die die Mauern schmückten, und im Hintergrund eine kleine, grob gehauene Tür, deren Riegel ich mit den Fingerspitzen befühlte. Später, viel später, ich vermochte die Tage oder Stunden nicht zu zählen, aber man hatte mir meine Handvoll Körner etwa zehnmal hingeworfen, und ich hatte ein Loch gegraben für meinen Kot, den ich bedeckte, jedoch vergebens, der Zwingergeruch haftete in der Luft, ja, viel später öffneten sich beide Flügel der Tür, und sie kamen herein.

Einer von ihnen trat auf mich zu, der ich in einer Ecke kauerte. Ich spürte an meiner Wange das Feuer des Salzes, ich atmete den Staubgeruch der Palmen, ich sah ihn kommen. Einen Meter vor mir blieb er stehen, starrte mich schweigend an, ein Zeichen, ich stand auf, er starrte mich an aus seinen Metallaugen, die ausdruckslos in seinem braunen Pferdegesicht glänzten, dann erhob er die Hand. Immer noch unbeteiligt faßte er mich bei der Unterlippe, langsam begann er zu schrauben, bis das Fleisch aufriß, und zwang mich dann, ohne die Zange der Finger zu lösen, mich um mich selber zu drehen und zurückzuweichen in die Mitte des Raums, er zog an meiner Lippe, so daß ich dort wie betäubt mit blutendem Mund auf die Knie fiel, dann kehrte er sich ab und gesellte sich zu den anderen, die den Wänden entlang standen. Sie schauten zu, wie ich stöhnte im unerträglichen Brand des schattenlosen Tages, der durch die weitgeöffnete Tür floß, und in diesem Licht tauchte der Zauberer auf, das Haupt mit Basthaar bedeckt, den Oberkörper in einem Panzer von Perlen, mit nackten Beinen unter einem Strohrock, einer Maske aus Schilf und Gras, in der zwei rechteckige Öffnungen ausgeschnitten waren für die Augen. Ihm folgten Musikanten und Frauen in schweren bunten Gewändern, die nichts von ihrem Körper verrieten. Sie tanzten vor der hinteren Tür, aber einen ungeschlachten Tanz mit kaum angedeutetem Rhythmus, sie bewegten sich, weiter nichts, und schließlich öffnete der Zauberer die kleine Tür hinter mir, die Meister rührten sich nicht, sie schauten mich an, ich wandte mich um und sah den

Fetisch, seinen axtgleichen Doppelkopf, seine wie eine Schlange gewundene Nase aus Eisen.

Man trug mich vor ihn, an den Fuß des Sockels, man gab mir ein schwarzes Wasser zu trinken, ein bitteres, bitteres Wasser, und alsbald fing mein Kopf an zu brennen, ich lachte, das ist die Beleidigung, ich bin beleidigt worden. Sie zogen mir die Kleider aus, schoren mir den Schädel und Leib kahl, wuschen mich mit Öl, schlugen mir mit wasser- und salzgetränkten Seilen ins Gesicht, und ich lachte und wandte den Kopf ab, aber jedesmal nahmen zwei Frauen mich bei den Ohren und boten mein Gesicht den Schlägen des Zauberers dar, von dem ich nur die viereckigen Augen sah, ich lachte noch immer, blutüberströmt. Sie hielten inne, niemand sprach, nur ich, das Kuddelmuddel begann schon in meinem Kopf, dann hoben sie mich auf und zwangen mich, die Augen auf den Fetisch zu richten, ich lachte nicht mehr. Ich wußte, daß ich ihm jetzt geweiht war, um ihm zu dienen, ihn anzubeten, nein, ich lachte nicht mehr, die Angst und der Schmerz erstickten mich. Und dort in diesem weißen Haus, zwischen diesen Mauern, die die Sonne draußen mit Feuereifer versengte, ja, dort versuchte ich mit angespanntem Gesicht und erschöpftem Gedächtnis zum Fetisch zu beten, es gab nur ihn, und sein fürchterliches Gesicht war sogar weniger fürchterlich als der Rest der Welt. Nun fesselten sie meine Knöchel mit einem Strick, der die Länge meines Schritts freigab, dann tanzten sie wieder, aber diesmal vor dem Fetisch, und die Meister gingen einer nach dem anderen hinaus.

Als die Tür sich hinter ihnen geschlossen hatte, wieder Musik, und der Zauberer zündete ein Feuer von Palmrinde an, um das herum er hüpfte, seine Silhouette brach sich in den Winkeln der weißen Wände, zuckte auf den glatten Flächen, füllte den Raum mit tanzenden Schatten. Er zeichnete ein Rechteck in einen Winkel, die Frauen schleppten mich dorthin, ich spürte ihre trockenen und weichen Hände, sie stellten einen Napf mit Wasser und ein Häufchen Körner neben mich und wiesen auf den Fetisch, ich begriff, daß ich die Augen auf ihn gerichtet halten mußte. Dann rief der Zauberer sie eine nach der anderen zum Feuer, er schlug mehrere, sie stöhnten und warfen sich nachher vor dem Fetisch, meinem Gott, nieder, während der Zauberer wiederum tanzte, und sie mußten alle hinausgehen, bis nur noch eine zurückblieb, eine ganz junge, die bei den Musikanten kauerte und noch nicht geschlagen worden war. Er hielt sie an ihrem Zopf, den er immer enger um seine Faust schlang, mit aus den Höhlen tretenden Augen hing ihr Kopf nach hinten, bis sie endlich auf den Rücken fiel. Der Zauberer ließ sie los und schrie, die Musikanten kehrten sich der

Wand zu, während hinter der Maske mit den rechteckigen Augen der Schrei anschwoll bis zur Grenze des Möglichen, und die Frau wälzte sich in Zuckungen am Boden, und auf allen vieren endlich, den Kopf in den verschränkten Armen vergraben, schrie auch sie, aber dumpf, und so, ohne aufzuhören zu brüllen und den Fetisch anzuschauen, bespran sie der Zauberer hurtig und böse, ohne daß man das jetzt unter den schweren Falten des Kleides verborgene Gesicht der Frau sehen konnte. Und ich, schrie ich nicht auch, von Sinnen in meiner Einsamkeit, brüllte ich nicht vor Entsetzen dem Fetisch entgegen, bis ein Fußtritt mich an die Mauer schleuderte, wo ich in Salz biß, wie ich heute in den Felsen beiße mit meinem Mund ohne Zunge, während ich auf den warte, den ich töten muß.

Nun hat die Sonne den Zenit ein wenig überschritten. Zwischen den Spalten des Felsens sehe ich das Loch, das sie in das überhitzte Metall des Himmels brennt, einen Mund, gesprächig wie der meine, und der unaufhörlich Flammenströme über die farblose Wüste speit. Auf der Piste vor mir nichts, kein Stäubchen am Horizont, hinter mir suchen sie mich wohl, nein, noch nicht, am späten Nachmittag erst öffnete man die Tür, damit ich ein bißchen hinausgehen konnte, nachdem ich den ganzen Tag das Haus des Fetischs gereinigt und die Opfergaben erneuert hatte, und am Abend begann dann die Zeremonie, in deren Verlauf ich manchmal geschlagen wurde und manchmal nicht, aber immer diente ich dem Fetisch, dem Fetisch, dessen Bild mir mit dem Eisen ins Gedächtnis gebrannt ist und jetzt auch in die Hoffnung. Noch nie hatte ein Gott mich so in seinen Besitz und seinen Dienst genommen, mein ganzes Leben war ihm Tag und Nacht geweiht, und der Schmerz und das Fehlen von Schmerz, denn ist nicht das Freude? waren sein, und selbst, ja selbst das Verlangen, da ich nun beinahe jeden Tag jener unpersönlichen und bösen Vereinigung beiwohnen mußte, die ich hörte, ohne sie zu sehen, denn ich war jetzt gezwungen, mich der Wand zuzukehren, wollte ich nicht geschlagen werden. Von den tierischen Schatten überflackert, die auf der Wand zuckten, drückte ich mein Gesicht an das Salz, hörte den langen Schrei, und meine Kehle war trocken, und ein glühendes Verlangen ohne Geschlecht schnürte mir Schläfen und Leib. So folgte Tag auf Tag, ich unterschied sie kaum voneinander, als verflüssigten sie sich in der sengenden Hitze und der tückischen Rückstrahlung der Salzmauern, die Zeit war nur mehr ein gestaltloses Plätschern, in dem einzig in regelmäßigen Abständen Schreie des Schmerzes oder des Besitzens ertönten, ein langer, alterloser Tag, da der Fetisch herrschte, wie diese blutrünstige Sonne über meinem Felsenhaus, und jetzt wie damals weine ich vor Unglück und vor Verlangen, von einer bösen Hoffnung verzehrt, ich will verraten, ich lecke den Lauf meines Gewehrs und seine Seele im Inneren, seine Seele, die Gewehre allein besitzen eine Seele, o ja, am Tag, da man mir die Zunge abschnitt, habe ich gelernt, die unsterbliche Seele des Hasses anzubeten!

Was für ein Kuddelmuddel, was für eine Raserei, kch, kch, trunken vor Hitze und Zorn, zu Boden geworfen, auf meinem Gewehr liegend! Wer keucht da? Ich kann diese unaufhörliche Hitze nicht länger ertragen, dieses Warten, ich muß ihn töten. Kein Vogel, kein Grashalm, Steine, ein dürres Verlangen, Schweigen, ihre Schreie, diese Zunge in mir, die spricht, und seitdem sie mich verstümmelt haben, das lange Leiden, flach und öde, selbst des Wassers der Nacht beraubt, jener Nacht, von der ich träumte, wenn ich mit dem Gott in meinem sälzernen Bau eingeschlossen war. Einzig die Nacht mit ihren kühlen Sternen und ihren dunklen Brunnen vermochte mich zu retten, mich endlich den bösen Göttern der Menschen zu entreißen, aber ich blieb stets eingeschlossen und konnte sie nicht betrachten. Wenn der andere noch lange nicht kommt, werde ich sie wenigstens aus der Wüste aufsteigen und den Himmel überfluten sehen, kalte goldene Traube, die vom dunklen Zenit herabhängen wird und wo ich nach Herzenslust werde trinken können, jenes schwarze ausgetrocknete Loch befeuchten, das von keinem lebenden geschmeidigen Muskel aus Fleisch mehr gekühlt wird, endlich jenen Tag vergessen, da der Wahnsinn mich bei der Zunge faßte.

Wie heiß es war, heiß, das Salz schmolz, so kam es mir wenigstens vor, die Luft zerfraß meine Augen, und der Zauberer trat ein ohne Maske. Beinahe nackt unter einem grauen zerlumpten Kleid folgte ihm eine neue Frau, deren Gesicht von einer die Maske des Fetischs nachzeichnenden Tätowierung bedeckt war und nichts anderes ausdrückte als eine böse götzenhafte Starrheit. Einzig ihr dünner, flacher Körper lebte, er sank zu Füßen des Gottes zusammen, als der Zauberer die Tür der hinteren Kammer aufschloß. Dann ging er hinaus, ohne mich anzusehen, die Hitze nahm zu, ich rührte mich nicht, der Fetisch schaute mich an über den unbeweglichen Leib hinweg, dessen Muskeln leise zuckten, und das Götzengesicht der Frau veränderte sich nicht, als ich mich ihm näherte. Nur ihre Augen wurden größer, während sie mich starr anblickten, meine Füße berührten die ihren, da fing die Hitze an zu brüllen, und das Götzenbild sagte nichts, schaute mich aus seinen geweiteten Augen an und drehte sich allmählich auf den Rücken, zog langsam die Beine an und hob sie in die Höhe, während es die Knie sanft auseinanderbog. Aber sogleich darauf, kch, der Zauberer hatte mich belauert, traten sie alle ein und entrissen mich der Frau, schlugen mich entsetzlich auf die Stelle der Sünde, der Sünde, welcher Sünde, daß ich nicht lache, wo ist sie und wo die Tugend, sie drückten mich an die Mauer, eine stählerne Hand umklammerte meine Kiefer, eine andere öffnete mir den Mund und zog an meiner Zunge, bis sie blutete, war ich das, der da schrie wie ein Tier, eine schneidende und kühle Liebkosung, ja, endlich kühl, strich über meine Zunge. Als ich wieder zu mir kam, war ich allein im Dunkeln, eng an die Wand geschmiegt, von verkrustetem Blut bedeckt, ein Knebel von seltsam riechenden getrockneten Kräutern steckte in meinem Mund, er blutete nicht mehr, aber er war leer, und in dieser Leere lebte einzig ein quälender Schmerz. Ich wollte aufstehen und fiel wieder zu Boden, glücklich, verzweifelt glücklich, endlich zu sterben, auch der Tod ist kühl, und in seinem Schatten wohnt kein Gott.

Ich bin nicht gestorben, ein junger Haß stand eines Tages mit mir zusammen auf, ging zur Tür der hinteren Kammer, öffnete sie und schloß sie hinter mir, ich haßte die Meinen, der Fetisch war da, und aus der Tiefe des Abgrunds, in dem ich mich befand, betete ich nicht nur zu ihm, nein, ich glaubte an ihn und schwor allem ab, was ich bis dahin geglaubt hatte. Heil, er war die Kraft und die Macht, man konnte ihn zerstören, doch nicht bekehren, mit seinen leeren verrosteten Augen schaute er über meinen Kopf hinweg. Heil, er war der Meister, der einzige Herr, dessen unbestreitbares Merkmal die Bosheit war, es gibt keine guten Meister. Ich war so beleidigt worden, daß ein einziger Schmerz meinen ganzen Körper zum Schreien brachte, und zum erstenmal gab ich mich dem Fetisch hin und billigte seine unheilstiftende Ordnung, ich betete in ihm das böse Prinzip der Welt an. Gefangener seines Reichs, der unfruchtbaren, in einen Salzberg gehauenen Stadt, die von der Natur abgeschnitten war, der flüchtigen und seltenen Blütezeiten der Wüste beraubt, jenen Zufällen oder Zärtlichkeiten entzogen, die selbst der Sonne oder den Sandöden zuteil werden, eine unvermutete Wolke, ein kurzer Platzregen, Gefangener der Stadt der Ordnung, der rechten Winkel, der viereckigen Räume, der steifen Menschen, freiwillig machte ich mich zu ihrem haßerfüllten, gemarterten Untertan, ich verleugnete die lange Geschichte, die man mich gelehrt hatte. Man hatte mich betrogen, einzig das Reich der Bosheit war fugenlos, man hatte mich betrogen, die Wahrheit ist viereckig, schwer und dicht, sie verträgt keine Abstufungen, das Gute ist ein Traum, ein unaufhörlich hinausgeschobenes und mit erschöpfendem Bemühen verfolgtes Vorhaben, eine Grenze, die man nie erreicht, sein Reich ist unmöglich, einzig das Böse kann bis zu seinen Grenzen gehen und unumschränkt herrschen, ihm muß man dienen, um sein Reich sichtbar aufzurichten, später wird man weitersehen, später, was soll das heißen, einzig das Böse ist gegenwärtig, nieder mit Europa, der Vernunft, der Ehre und dem Kreuz. Ja, ich mußte mich zu dem Glauben meiner Meister bekehren, ja ja, ich war ein Sklave, aber wenn auch ich böse bin, bin ich kein Sklave mehr, trotz meinen gefesselten Füßen und meinem stummen Mund. Oh, diese Hitze macht mich wahnsinnig, die Wüste schreit überall in dem unerträglichen Licht, und ihm, dem anderen, dem Herrn der Sanftmut, dessen bloßer Name mich mit Abscheu erfüllt, ihm schwöre ich ab, denn jetzt kenne ich ihn. Er träumte, und er wollte lügen, man hat ihm die Zunge abgeschnitten, damit sein Wort die Welt nicht mehr betrügt, man hat ihn mit Nägeln durchbohrt, sogar den Kopf, seinen armen Kopf, wie jetzt der meine, was für ein Kuddelmuddel, wie müde ich bin, und die Erde hat nicht gebebt, dessen bin ich gewiß, nicht einen Gerechten hat man umgebracht, ich weigere mich, das zu glauben, es gibt keine Gerechten, sondern böse Meister, die der unerbittlichen Wahrheit zur Herrschaft verhelfen. Ja, allein der Fetisch hat die Macht, er ist der einzige Gott auf dieser Welt, der Haß ist sein Gebot, die Quelle allen Lebens, das frische Wasser, frisch wie die Minze, die den Mund kühlt und den Magen verbrennt.

Da bin ich ein anderer geworden. Sie merkten es, ich küßte ihnen die Hand, wenn ich ihnen begegnete, ich gehörte zu ihnen, bewunderte sie stets aufs neue, vertraute ihnen, ich hoffte, sie würden die Meinen verstümmeln, wie sie mich verstümmelt hatten. Und als ich erfuhr, daß der Missionar kommen werde, wußte ich, was ich zu tun hatte. Jener Tag, der gleich war wie alle anderen, dieser eine blendende Tag, der schon so lange dauerte! Am späten Nachmittag sah man einen Wächter auftauchen, der auf dem Rand des Beckens dahinrannte, und ein paar Minuten später wurde ich ins Haus des Fetischs geschleppt und die Türe geschlossen. Einer von ihnen hielt mich im Dunkeln mit der Drohung seines kreuzförmigen Säbels am Boden nieder, und die Stille währte lange, bis schließlich ein ungewohnter Lärm die sonst so ruhige Stadt erfüllte, Stimmen, die ich lange nicht verstand, weil sie meine Sprache redeten, aber sobald sie erklangen, senkte sich die Spitze der Klinge auf meine Augen, und mein Wächter starrte mich schweigend an. Da näherten sich zwei Stimmen, die ich jetzt noch höre, die eine fragte, warum dieses Haus bewacht werde, ob man die Tür aufbrechen solle, Herr Leutnant, und die andere sagte ‹Nein›, in knappem Ton, und nach einer Weile fügte sie hinzu, es sei ein Abkommen getroffen worden, wonach die Stadt eine Garnison von zwanzig Mann dulden werde unter der Bedingung, daß sie außerhalb der Stadtwälle lagerten und die Bräuche achteten. Der Soldat lachte, sie geben klein bei, aber der Offizier war nicht so sicher, auf jeden Fall ließen sie es zum erstenmal zu, daß jemand kam, um sich der Kinder anzunehmen, und das sollte der Feldprediger sein, mit dem Land würde man sich später befassen. Der andere sagte, sie würden dem Feldprediger das Bewußte abschneiden, wenn die Soldaten nicht zur Stelle wären. ‹O nein!› antwortete der Offizier, ‹Pater Beffort wird sogar vor der Garnison eintreffen, in zwei Tagen wird er hier sein.› Ich hörte nichts weiter, unbeweglich unter die Klinge geduckt, es tat weh, ein Rad von Nadeln und Messern drehte sich in mir. Sie waren verrückt, sie waren verrückt, sie ließen es zu, daß man an ihre Stadt rührte, an ihre unbesiegbare Macht, an den wahren Gott, und dem anderen, demjenigen, der kommen sollte, würde man nicht die Zunge abschneiden, er würde sich mit seiner unverschämten Güte brüsten, ohne etwas zu bezahlen, ohne Beleidigungen zu erdulden. Die Herrschaft des Bösen würde verzögert, es würde wieder Zweifel geben, von neuem würde man seine Zeit damit verlieren, vom unmöglichen Guten zu träumen, sich in fruchtlosen Bemühungen erschöpfen, anstatt das Kommen des einzig möglichen Reiches zu beschleunigen, und ich schaute die Klinge an, die mich bedrohte, o Macht, die du allein herrschest über die Welt! O Macht, und die Stadt entleert sich nach und nach ihrer Geräusche, die Türen wurden endlich geöffnet, und ich blieb allein mit dem Fetisch, versengt und bitter, und ich schwor ihm, meinen neuen Glauben zu retten, meine wahren Meister, meinen herrschsüchtigen Gott, ich schwor ihm, ein guter Verräter zu sein, was immer es mich kosten mochte.

Kch, die Hitze läßt ein wenig nach, die Steine vibrieren nicht mehr, ich kann aus meinem Loch heraustreten und schauen, wie die Wüste sich nach und nach mit allen Tönungen von Gelb und Ocker und bald auch Violett überzieht. In der folgenden Nacht wartete ich, bis sie schliefen, ich hatte das Schloß der Türe gesperrt, mit dem gewohnten, vom Strick bemessenen Schritt ging ich hinaus, ich kannte die Straßen, ich wußte, wo ich das alte Gewehr finden würde, welcher Ausgang nicht bewacht war, und ich gelangte hierher zu der Zeit, da sich die Nacht um eine Handvoll Sterne herum entfärbt, während die Wüste etwas dunkelt. Und jetzt scheint mir, ich kauere schon seit Tagen in diesen Felsen. Schnell, schnell, oh, daß er doch schnell käme! Gleich werden sie anfangen, mich zu suchen, nach allen Seiten werden sie auf den Pisten ausschwärmen, sie wissen nicht, daß ich ihretwegen fortgegangen bin, um ihnen besser zu dienen, meine Beine sind schwach, trunken vor Hunger und Haß. Oh, oh, dort drüben, kch, kch, am Ende der Piste, tauchen zwei Kamele auf, werden größer, traben im Paßgang, von kurzen Schatten bereits überholt, sie laufen auf die lebhafte und verträumte Art, an der man sie immer erkennt. Da sind sie endlich, da sind sie.

Das Gewehr, schnell, und schnell entsichert. O Fetisch, mein Gott dort drüben, auf daß deine Macht erhalten bleibe, die Beleidigung sich vermehre, der Haß gnadenlos über eine Welt von Verdammten herrsche, das Böse auf immer Herr sei und endlich das Reich komme, da in einer einzigen Stadt von Salz und Eisen schwarze Tyrannen mitleidlos unterjochen und besitzen! Und jetzt, kch kch, Feuer auf das Mitleid, Feuer auf die Ohnmacht und ihre Nächstenliebe, Feuer auf alles, was das Kommen des Bösen verzögert, zweimal Feuer, und da fallen sie nach hinten, stürzen zu Boden, und die Kamele fliehen geradeaus zum Horizont, wo ein Geiser schwarzer Vögel sich eben in den unveränderten Himmel erhoben hat. Ich lache, lache, dieser dort windet sich in seinem verabscheuten Gewand, er richtet den Kopf ein wenig auf, sieht mich, mich, seinen allmächtigen Meister mit den gefesselten Füßen, warum lächelt er mir zu, ich zerschmettere dieses Lächeln! Wie gut tönt das Geräusch des Kolbens auf dem Gesicht der Güte, heute, heute endlich ist alles vollbracht, und überall in der Wüste, in stundenweiter Entfernung, wittern Schakale in den nicht vorhandenen Wind und setzen sich dann in Bewegung, laufen in einem kleinen geduldigen Trab dem Aasmahl entgegen, das ihrer harrt. Sieg! Ich erhebe die Arme zum Himmel, der weich wird, am gegenüberliegenden Rand ahnt man einen violetten Schatten, o Nächte Europas, Heimat, Kindheit, warum muß ich weinen im Augenblick des Triumphs?

Er hat sich bewegt, nein, das Geräusch kommt von anderswo, von der anderen Seite dort drüben, sie sind es, sie stürzen herbei wie ein Schwarm dunkler Vögel, meine Meister, sie werfen sich auf mich, o ja, schlagt zu, sie fürchten, ihre Stadt aufbrüllend zerfetzt zu sehen, sie fürchten die Rache der Soldaten, die ich, das eben mußte sein, auf die heilige Stadt herabrief. Verteidigt euch jetzt, schlagt zu, schlagt mich zuerst, ihr besitzt die Wahrheit! O meine Meister, dann werden sie die Soldaten besiegen, sie werden das Wort und die Liebe besiegen, sie werden die Wüsteneien durchqueren und über die Meere fahren, das Licht Europas mit ihren schwarzen Schleiern verdunkeln, schlagt auf den Leib, ja, schlagt auf die Augen, werden ihr Salz auf dem Kontinent aussäen, alles Pflanzenleben, alle Jugend wird erlöschen, und stumme Menschenheere mit gefesselten Füßen werden mir zur Seite unter der grausamen Sonne des wahren Glaubens durch die Wüste der Welt ziehen, ich werde nicht mehr allein sein. Ah, wie weh tun sie mir, wie weh, ihr Wüten tut wohl, und auf dem Kriegersattel, auf dem sie mich jetzt in Stücke reißen, Mitleid, lache ich, ich liebe den Schlag, der mich kreuzigt.

Wie still die Wüste ist! Schon ist es Nacht, und ich bin allein, mich dürstet. Wieder warten, wo ist die Stadt, dieser Lärm in der Ferne, und vielleicht siegen die Soldaten, nein, das darf nicht sein, sogar wenn die Soldaten siegen, sind sie nicht böse genug, sie werden nicht zu herrschen verstehen, sie werden immer noch sagen, man müsse besser werden, und immer noch schwanken Millionen von Menschen verstört und zerrissen zwischen Böse und Gut, o Fetisch, warum hast du mich verlassen? Alles ist zu Ende, mich dürstet, mein Leib brennt, dunklere Nacht füllt meine Augen.

Dieser lange, dieser lange Traum, ich erwache, doch nein, ich werde sterben, der Morgen graut, für andere Lebende der Tag, für mich die erbarmungslose Sonne, die Fliegen. Wer spricht, niemand, der Himmel öffnet sich nicht, nein, nein. Gott spricht nicht in der Wüste, und doch, woher kommt diese Stimme, die sagt: ‹Wenn du bereit bist, um des Hasses und der Macht willen zu sterben, wer wird uns dann vergeben?› Ist es eine andere Zunge in mir oder immer noch dieser hier zu meinen Füßen, der nicht sterben will und ständig wiederholt: ‹Mut, Mut, Mut›? Ach wenn ich mich wiederum getäuscht hätte! Menschen, die ihr ehemals Brüder wart, einzige Zuflucht, o Einsamkeit, verlaßt mich nicht! Hier, hier, wer bist du, zerrissen, mit blutendem Mund, du bist es, Zauberer, die Soldaten haben dich besiegt, dort drüben brennt das Salz, du bist es, mein geliebter Meister! Laß dieses Haßgesicht, sei gut jetzt, wir haben uns getäuscht, wir wollen von vorne anfangen, wir werden die Stadt des Erbarmens neu erbauen, ich will heim. Ja, hilf mir, so ist's recht, reich deine Hand, gib . . .»

Eine Handvoll Salz verschloß den Mund des geschwätzigen Sklaven.

Die Stummen

Es war mitten im Winter, doch brach über der bereits geschäftigen Stadt ein strahlender Tag an. Hinter der Mole verschwammen Meer und Himmel in einem einzigen Glanz. Yvars indessen sah nichts davon. Mühsam radelte er die den Hafen überblickenden Boulevards entlang. Sein verkrüppeltes Bein ruhte steif auf dem unbeweglichen Pedal des Fahrrads, während das gesunde sich abmühte, das von der nächtlichen Feuchtigkeit noch nasse Pflaster zu meistern. Schmächtig sah er aus auf seinem Rad; ohne den Kopf zu wenden, vermied er die Schienen der ehemaligen Straßenbahn, wich mit einer ruckartigen Bewegung der Lenkstange zur Seite, um die ihn überholenden Automobilisten durchzulassen, und schob von Zeit zu Zeit mit dem Ellbogen den am Rücken baumelnden Brotsack zurecht, in den Fernande sein Mittagessen gepackt hatte. Dann dachte er jedesmal voll Bitterkeit an seinen Inhalt. Zwischen den beiden Scheiben derben Brotes befand sich nicht etwa ein spanischer Eierkuchen, der ihm so gut schmeckte, und auch kein in Öl gebratenes Beefsteak, sondern bloß ein Stück Käse.

Der Weg zur Arbeit war ihm noch nie so lang vorgekommen. Alt wurde er auch. Mit vierzig Jahren werden die Muskeln nicht mehr so schnell warm, obwohl er hager geblieben war wie ein Rebstock. Wenn er hin und wieder die Sportberichte las, in denen ein Wettkämpfer von dreißig Jahren als Veteran bezeichnet wurde, zuckte er die Achseln. «Wenn das ein Veteran ist», sagte er dann zu Fernande, «gehöre ich bereits zu den Flachgelegten.» Indessen wußte er, daß die Journalisten nicht ganz unrecht hatten. Mit dreißig Jahren wird der Atem schon unmerklich kürzer. Mit vierzig gehört man noch nicht zu den Flachgelegten, nein, aber man bereitet sich von ferne und eine Spur vorzeitig darauf vor. War nicht dies der Grund, warum er schon seit langem auf der Fahrt, die ihn ans andere Ende der Stadt in die Böttcherei brachte, das Meer nicht mehr anschaute? Als er zwanzig war, wurde er nicht müde, es zu betrachten; es verhieß ihm ein glückliches Wochenende am Strand. Trotz oder wegen seines Hinkens hatte er das Schwimmen immer geliebt. Dann waren die Jahre vergangen. Fernande war gekommen, später der Junge, und für das tägliche Brot die Überstunden, am Samstag in der Böttcherei, am

Sonntag bei Privatleuten, wo er dies und jenes bastelte. Nach und nach hatte er sich diese leidenschaftlichen, ihn ganz erfüllenden Tage abgewöhnt. Das tiefe, klare Wasser, die kraftvolle Sonne, die Mädchen, das Leben des Körpers — in seiner Heimat gab es kein anderes Glück. Und dieses Glück verging mit dem Jungsein. Yvars liebte das Meer immer noch, aber erst gegen Abend, wenn das Wasser in der Bucht dunkelte. Dann war es schön auf der Terrasse seines Hauses, auf die er sich nach Feierabend setzte, zufrieden mit dem reinen Hemd, das Fernande so gut zu bügeln verstand, und mit dem kühl überperlten Glas Aniswasser. Die Dämmerung senkte sich herab, eine kurze Lieblichkeit überflog den Himmel, die Nachbarn, die mit Yvars plauderten, dämpften plötzlich ihre Stimmen. Dann wußte er nicht, ob er glücklich war oder ob er Lust hatte zu weinen. In diesen Augenblicken wenigstens fühlte er sich mit sich und der Welt im Einklang, er hatte nichts anderes zu tun, als zu warten, ganz still, ohne recht zu wissen, worauf.

Am Morgen dagegen, wenn er zur Arbeit fuhr, schaute er das Meer nicht mehr gerne an; es war zwar immer getreulich zur Stelle, aber er wollte es erst abends wieder sehen. An jenem Morgen fuhr er mit gesenktem Kopf und noch schwerfälliger als sonst: auch das Herz war ihm schwer. Als er am Vorabend von der Versammlung nach Hause gekommen war und mitgeteilt hatte, die Arbeit werde wieder aufgenommen, hatte Fernande freudig gefragt: «Der Boß gewährt euch also die Aufbesserung?» Der Boß gewährte gar nichts, der Streik war gescheitert. Sie waren allerdings auch nicht geschickt vorgegangen, das mußte man zugeben. Ein aus Zorn geborener Streik, und die Gewerkschaft hatte sich mit Recht nicht energisch hinter sie gestellt. Fünfzehn Arbeiter waren übrigens nicht gerade eine überwältigende Zahl; die Gewerkschaft trug den anderen Böttchereien Rechnung, die nicht in den Ausstand getreten waren. Man durfte ihnen nicht allzu böse sein. Das ganze Böttchergewerbe war durch den Bau von Tankschiffen und Kesselwagen in seinem Bestand bedroht. Es wurden immer weniger kleine und mittelgroße Fässer hergestellt; man besserte hauptsächlich die schon vorhandenen großen Fuderfässer aus. Die Inhaber machten schlechte Geschäfte, das stimmt, aber sie wollten ihre Gewinnmarge ungeschmälert bewahren; am einfachsten schien ihnen noch immer, die Löhne ungeachtet der steigenden Preise niedrig zu halten. Was können Böttcher schon anfangen, wenn die Böttcherei ausstirbt? Man wechselt nicht sein Handwerk, wenn man sich die Mühe genommen hat, eines zu erlernen, und das ihre war schwierig und erforderte eine lange

Lehrzeit. Ein wirklich guter Böttcher, der es verstand, seine gebogenen Faßdauben genau abzurichten und sie mit Feuer und Stahlreifen beinahe hermetisch zusammenzufügen, ohne Bast oder Werg zu gebrauchen, war eine Seltenheit. Yvars wußte es und war stolz auf seine Kunst. Den Beruf zu wechseln, ist eine Kleinigkeit, aber auf das, was man kann, auf seine eigene Meisterschaft zu verzichten, ist nicht leicht. Ein schönes Handwerk ohne Verwendung, da gab es keine Wahl, man mußte sich fügen. Aber auch das Sich-Fügen ist nicht leicht. Es fiel schwer, den Mund zu halten, nicht wirklich verhandeln zu können, jeden Morgen den gleichen Weg unter die Füße zu nehmen und die Müdigkeit in sich wachsen zu spüren, um am Ende der Woche doch nur zu bekommen, was man einem gnädigst geben wollte und was je länger desto weniger genügte.

Da waren sie zornig geworden. Zwei oder drei zögerten wohl, aber nach den ersten Unterhandlungen hatte der Zorn auch sie gepackt, denn der Boß hatte kurz und bündig erklärt, wer nicht wolle, der habe gehabt. So darf ein Mann nicht reden. «Was glaubt er eigentlich?» hatte Esposito gesagt. «Daß wir ihm hinten hineinkriechen?» Der Boß war im übrigen kein schlechter Kerl. Er hatte das Geschäft von seinem Vater geerbt, war in der Werkstatt aufgewachsen und kannte beinahe alle Arbeiter seit Jahren. Hin und wieder lud er sie zu einem Imbiß in der Böttcherei ein; da briet man dann Sardinen oder Blutwürste über einem Spanfeuer, und wenn der Wein seine Wirkung tat, war der Boß wirklich sehr nett. Zu Neujahr schenkte er immer jedem seiner Arbeiter fünf gute Flaschen Wein, und wenn einer krank war oder irgendein Familienfest gefeiert wurde, eine Hochzeit oder eine Firmung, machte er oft ein Geldgeschenk. Als sein Töchterchen zur Welt kam, wurden getreu dem Brauch Zuckermandeln verteilt. Zwei- oder dreimal hatte er Yvars zur Jagd auf sein Gut an der Küste eingeladen. Zweifellos hatte er seine Arbeiter gern, und er rief ihnen oft in Erinnerung, daß sein Vater als Lehrling angefangen hatte. Aber er hatte sie nie zu Hause aufgesucht, er hatte keine Ahnung. Er dachte nur an sich, weil er nur sich kannte, und jetzt hieß es, wer nicht will, der hat gehabt. Anders gesagt: er hatte sich seinerseits vertrotzt. Er jedoch konnte es sich leisten.

Sie hatten der Gewerkschaft die Hand forciert, das Unternehmen hatte seine Tore geschlossen. «Macht euch keine Mühe mit Streikposten», hatte der Boß gesagt. «Wenn die Böttcherei stilliegt, mache ich Ersparnisse.» Das stimmte nicht, aber die Bemerkung hatte kein Öl auf die Wogen gegossen, denn damit bedeutete er ihnen ja ohne Umschweife, daß er ihnen aus lauter Barmherzigkeit Arbeit gewährte. Esposito war außer sich geraten und hatte ihm gesagt, er sei kein Mann. Der andere war genauso hitzig, und man hatte die beiden trennen müssen. Aber gleichzeitig hatte es den Arbeitern doch Eindruck gemacht. Zwanzig Tage Ausstand, die Frauen zu Hause von Sorgen bedrückt, zwei oder drei unter den Arbeitern entmutigt, und schließlich hatte die Gewerkschaft geraten, nachzugeben, nachdem ein Schiedsgericht und ein Nachholen der Streiktage durch Überstunden versprochen worden war. Da hatten sie beschlossen, die Arbeit wieder aufzunehmen. Mit großen Sprüchen natürlich und der Versicherung, damit sei die Sache keineswegs erledigt, man werde es nicht dabei bewenden lassen. Aber an diesem Morgen eine Müdigkeit, die der Last der Niederlage glich, der Käse an Stelle des Fleisches — es war keine Illusion mehr möglich. Da mochte die Sonne lang scheinen, das Meer verhieß nichts mehr. Yvars trat auf sein einziges Pedal, und bei jeder Umdrehung des Rades schien ihm, er werde wieder ein bißchen älter. Er vermochte nicht, an die Werkstatt, an die Kameraden und an den Boß zu denken, dem er nun wieder entgegentreten mußte, ohne daß ihm das Herz noch schwerer wurde. Fernande hatte besorgt gefragt: «Was werdet ihr ihm sagen?» — «Nichts.» Yvars hatte sein Rad bestiegen und den Kopf geschüttelt. Er hatte die Zähne zusammengebissen, sein feingeschnittenes Gesicht, schmal, braun, schon ein wenig runzlig, hatte sich verschlossen. «Wir arbeiten. Das genügt.» Und jetzt fuhr er zur Arbeit, immer noch mit zusammengebissenen Zähnen und einer traurigen, spröden Wut, die selbst den Himmel verdüsterte.

Er verließ den Boulevard und das Meer und gelangte in die feuchten Gassen des alten spanischen Viertels. Sie mündeten in eine Gegend, in der sich einzig Schuppen, Alteisenlager und Garagen befanden und wo auch die Werkstätte lag: eine Art Hangar mit Mauern bis auf halber Höhe, dann eingeglast bis zum Wellblechdach. Diese Werkstatt schloß sich an die ehemalige Böttcherei an, einen von alten Vordächern umgebenen Hof, aus dem man ausgezogen war, als das Unternehmen sich vergrößerte, und in dem man jetzt bloß noch ausgediente Maschinen und nicht mehr verwendbare Fässer unterbrachte. Jenseits dieses Hofes und durch einen mit alten Ziegeln überdachten Durchgang mit ihm verbunden, begann der Garten des Besitzers, und am Ende dieses Gartens stand das Wohnhaus. Es war groß und häßlich, hatte aber dank dem wilden Wein, der es überwuchs, und dem dürftigen Geißblatt, das sich um die Außentreppe rankte, trotzdem etwas Ansprechendes.

Yvars bemerkte sofort, daß das Tor der Werkstatt geschlossen war. Eine Gruppe von Arbeitern stand schweigend davor. Seit er hier arbeitete war es das erste Mal, daß er bei seiner Ankunft die Türen verschlossen fand. Der Boß wollte ihnen den Meister zeigen. Yvars fuhr links hinüber, stellte sein Rad unter dem Vordach ein, das auf dieser Seite an den Hangar angebaut war, und schritt dem Tor zu. Von weitem schon erkannte er Esposito, seinen Nebenmann in der Werkstatt, einen großgewachsenen, dunkelhäutigen Burschen mit üppigem Haarwuchs; Marcou, den Vertrauensmann der Gewerkschaft, der aussah wie ein kleiner Salontenor; Said, den einzigen Araber in der Böttcherei, und alle die anderen, die ihm schweigend entgegensahen. Aber noch ehe er zu ihnen gelangte, wandten sie sich plötzlich dem Tor zu, das sich eben zu öffnen begann. Ballester, der Werkmeister, erschien auf der Schwelle. Er schloß eine der schweren Türen auf, drehte dann den Arbeitern den Rücken zu und schob das Tor langsam über seine gußeiserne Schiene zurück.

Ballester, der älteste von allen, war gegen den Streik gewesen, aber er hatte von dem Augenblick an geschwiegen, da Esposito ihm vorwarf, er sei ein Söldling des Bosses. Nun stand er neben der Tür, klein und stämmig in seinem dunkelblauen Leibchen, bereits barfuß (er und Said waren die einzigen, die barfuß arbeiteten), mit Augen, die so hell waren, daß sie in seinem alten, gebräunten Gesicht gleichsam ohne Farbe schienen, und schaute zu, wie sie einer nach dem anderen eintraten; sein Mund unter dem dichten, hängenden Schnurrbart war traurig. Sie sagten kein Wort, gedemütigt durch diesen Einzug als Besiegte, wütend über ihr eigenes Schweigen, aber immer weniger fähig, es zu brechen, je länger es dauerte. Ohne Ballester anzublicken, gingen sie an ihm vorbei; sie wußten, daß er einem Befehl gehorchte, wenn er sie auf diese Weise einzutreten zwang, und sein bitteres, bekümmertes Gesicht verriet ihnen, was er dachte. Yvars dagegen schaute ihn an. Ballester, der ihn gut mochte, nickte ihm wortlos zu.

Nun befanden sie sich alle in der kleinen Garderobe rechts vom Eingang: offene Abteile, die durch Bretter aus rohem Holz voneinander abgetrennt waren; zu beiden Seiten dieser Zwischenwände hing jeweils ein kleines, verschließbares Kästchen. Das vom Eingang aus gesehen letzte Abteil, das an die Mauern des Schuppens stieß, war als Duschraum ausgebaut worden, für dessen Abfluß eine Rinne direkt in den Boden aus gestampfter Erde gegraben war. In der Mitte des Hangars sah man, je nach dem Arbeitsplatz, bereits fertige, aber erst locker gebundene große Bordeauxfässer, die auf das Anziehen der Reifen über dem Feuer warteten, klobige Bänke, die eine lange Spalte aufwiesen (in einigen staken runde Bodenstücke, die mit dem Hobel geschlichtet werden mußten), und schließlich geschwärzte Feuerstellen. Links vom Eingang reihten sich der Wand entlang Hobelbänke, und davor türmten sich die Haufen der zu hobelnden Dauben. An der rechten Mauer blitzten nicht weit von der Garderobe zwei mächtige, gut geölte und leise arbeitende Kreissägen.

Seit langem schon war der Hangar zu groß für die Handvoll Männer, die darin arbeiteten. Während der heißen Jahreszeit war das ein Vorteil, im Winter ein Nachteil. Heute jedoch trug alles dazu bei, der Werkstatt ein trostloses Aussehen zu verleihen: der weite Raum, die im Stich gelassene Arbeit, die in den Ecken herumliegenden Fässer, die nur einen einzigen Reifen aufwiesen, während die am unteren Ende zusammengebundenen Dauben nach oben auseinanderstrebten wie grobschlächtige Holzblumen, und der Staub des Sägemehls, der die Tische, die Werkzeugkisten und die Maschinen überzog. Die Männer trugen nun ihre alten Leibchen, ihre verwaschenen und geflickten Hosen, sie schauten sich um, und sie zögerten. Ballester beobachtete sie. «Na», sagte er, «wollen wir dahinter?» Wortlos begab sich ein jeder an seinen Platz. Ballester ging von einem zum anderen und rief kurz in Erinnerung, welche Arbeit begonnen oder beendet werden mußte. Niemand gab Antwort. Bald erdröhnte der erste Hammer auf dem eisenbeschlagenen Holzkeil, der einen Reifen über den Bauch eines Fasses trieb, ein Hobel stieß ächzend auf einen Astknorren, und eine der Sägen, die von Esposito in Betrieb gesetzt wurde, hob laut an zu kreischen. Said brachte je nach Bedarf Dauben herbei oder zündete die Spanfeuer an, über die man die Fässer stülpte, um sie in ihrem Panzer aus Eisenreifen aufquellen zu lassen. Wenn niemand ihn benötigte, vernietete er an den Hobelbänken mit kräftigen Hammerschlägen die breiten, verrosteten Reifen. Der Hangar begann nach den brennenden Hobelspänen zu riechen. Yvars, der die von Esposito geschnittenen Dauben hobelte und abrichtete, atmete den altgewohnten Geruch ein, und der Druck über seinem Herzen lockerte sich ein wenig. Sie arbeiteten alle schweigend, aber in der Werkstatt entstand nach und nach wieder ein bißchen Wärme und Leben. Frisches Licht flutete durch die großen Scheiben und füllte den Hangar. Die Räuchlein blauten in der goldenen Luft; Yvars hörte sogar das nahe Summen eines Insekts.

In diesem Augenblick öffnete sich in der hinteren Wand die Tür, die zur ehemaligen Böttcherei führte, und Monsieur Lassalle, der Boß, stand auf der Schwelle. Er war knapp über dreißig, schlank und dunkelhaarig. Er trug ein weißes Hemd mit offenem Kragen, einen beigen Gabardineanzug und schien sich in seiner

Haut wohlzufühlen. Trotz seines sehr knochigen, messerscharf geschnittenen Gesichts, fand man ihn im allgemeinen sympathisch, wie die meisten Leute, denen der Sport ein gelöstes Auftreten verleiht. Indessen schien er ein bißchen befangen, als er nun die Werkstatt betrat. Sein Gruß war weniger klangvoll als sonst; auf jeden Fall wurde er von niemand erwidert. Das Klopfen der Hämmer verlangsamte sich, geriet ein wenig aus dem Takt und ertönte gleich darauf um so kräftiger. Monsieur Lassalle machte unschlüssig ein paar Schritte, dann ging er auf den kleinen Valery zu, der erst seit einem Jahr mit ihnen arbeitete. Nicht weit von Yvars entfernt, stand er neben der Kreissäge und setzte einem Bordeauxfaß den Boden auf. Der Boß schaute ihm zu. Valery arbeitete weiter, ohne ein Wort zu sagen. «Na, mein Junge», sagte Monsieur Lassalle, «wie geht's?» Die Bewegungen des jungen Mannes wurden plötzlich unbeholfener. Er warf einen Blick auf Esposito, der neben ihm auf seinen riesigen Armen einen Stoß Dauben aufschichtete, um sie Yvars zu bringen. Esposito blickte ihn ebenfalls an, ohne seine Arbeit zu unterbrechen, und Valery steckte die Nase wieder in sein Faß und blieb dem Boß die Antwort schuldig. Leicht verdutzt stand Lassalle noch einen Augenblick vor dem Jungen, dann zuckte er die Achseln und kehrte sich Marcou zu. Dieser saß rittlings auf seiner Bank und war dabei, mit kleinen, langsamen und genauen Bewegungen die Schmalseite eines Bodens zurechtzuhobeln. «Guten Morgen, Marcou», sagte Lassalle etwas weniger liebenswürdig. Marcou gab keine Antwort, er schien einzig darauf bedacht, seinem Holz nur ganz dünne Späne abzunehmen. «Was fällt euch ein?» Lassalle erhob die Stimme und wandte sich diesmal an alle. «Wir waren verschiedener Meinung, zugegeben. Aber das hindert nicht, daß wir miteinander arbeiten müssen. Was hat das dann für einen Zweck?» Marcou stand auf, hob seinen Boden in die Höhe, prüfte mit der flachen Hand die Rundung, kniff mit einem Ausdruck tiefer Befriedigung seine schmachtenden Augen zusammen und ging immer noch wortlos auf einen anderen Arbeiter zu, der ein Bordeauxfaß zusammenband. In der ganzen Werkstatt war außer dem Lärm der Hämmer und der Kreissäge nichts zu hören. «Gut», sagte Lassalle, «wenn ihr wieder normal seid, laßt es mich durch Ballester wissen.» Ruhigen Schrittes verließ er den Schuppen.

Beinahe unmittelbar darauf übertönte ein zweimaliges Klingeln das Gedröhn der Werkstatt. Ballester, der sich eben gesetzt hatte, um eine Zigarette zu drehen, stand schwerfällig auf und ging durch die hintere Tür hinaus. Nach seinem Fortgehen schlugen die Hämmer weniger kräftig; einer der Arbeiter hatte sogar eben innegehalten, als Ballester zurückkam. Von der Tür aus sagte er bloß: «Marcou und Yvars, der Boß will euch sprechen.» Yvars' erste Regung war, sich die Hände zu waschen, aber Marcou faßte ihn im Vorübergehen beim Arm, und Yvars hinkte ihm nach.

Draußen im Hof war das Licht so frisch, so flüssig, daß Yvars es auf seinem Gesicht und seinen bloßen Armen geradezu körperlich spürte. Sie stiegen die Außentreppe empor, wo sich im Geißblatt schon die ersten Blüten zeigten. Als sie den mit Diplomen tapezierten Flur betraten, hörten sie Kinderweinen und Monsieur Lassalles Stimme, die sagte: «Nach dem Mittagessen bringst du sie zu Bett. Wenn es nicht besser wird, rufen wir den Arzt.» Dann tauchte der Boß im Gang auf und führte sie in das kleine, ihnen wohlbekannte Arbeitszimmer; die Einrichtung bestand aus unechten Bauernmöbeln, und Sporttrophäen schmückten die Wände. «Setzt euch», sagte Lassalle und nahm hinter seinem Schreibtisch Platz. Sie blieben stehen. «Ich habe euch rufen lassen, weil Sie, Marcou, der Vertrauensmann sind, und du, Yvars, neben Ballester mein ältester Angestellter. Ich will die Diskussion nicht wieder aufnehmen, die ist jetzt zu Ende. Ich kann euch nicht geben, was ihr verlangt, wirklich nicht. Die Sache ist beigelegt, wir sind zum Schluß gekommen, daß die Arbeit wieder aufgenommen werden mußte. Ich sehe, daß ihr mir böse seid, und das schmerzt mich. Das sage ich euch offen. Ich möchte nur folgendes hinzufügen: was mir heute unmöglich ist, wird vielleicht später möglich, wenn die Geschäfte wieder besser gehen. Und wenn es möglich wird, werde ich es tun, noch bevor ihr es von mir verlangt. Inzwischen sollten wir doch versuchen, in Frieden miteinander zu arbeiten.» Er verstummte, schien zu überlegen, dann erhob er die Augen zu ihnen. «Nun?» sagte er. Marcou schaute aus dem Fenster. Yvars hatte die Zähne zusammengebissen, wollte sprechen und vermochte es nicht. «Hört», sagte Lassalle, «ihr habt euch alle verrannt. Das wird euch auch wieder vergehen. Wenn ihr vernünftig geworden seid, vergeßt nicht, was ich euch gesagt habe.» Er erhob sich, trat auf Marcou zu und streckte ihm die Hand entgegen. «Ciao!» sagte er. Marcou erbleichte, sein Barsängergesicht wurde hart und eine Sekunde lang böse. Dann kehrte er sich jäh auf dem Absatz um und ging hinaus. Lassalle war ebenfalls bleich geworden und schaute Yvars an, ohne ihm die Hand hinzuhalten. «Schert euch zum Teufel!» schrie er.

Als sie in die Werkstatt zurückkehrten, aßen die Arbeiter zu Mittag. Ballester war verschwunden. Marcou sagte bloß «Bluff» und ging an seinen Arbeitsplatz. Esposito hielt im Brotkauen inne, um zu fragen, was sie geantwortet hätten; Yvars sagte, sie hätten keine Antwort gegeben. Dann holte er seinen Brotsack und setzte sich auf die Bank, an der er arbeitete. Er hatte eben angefangen zu essen, als er nicht weit von sich Said gewahrte, der rücklings in einem Haufen Hobelspäne lag und mit verlorenem Blick zu den Scheiben schaute, die ein jetzt weniger strahlender Himmel blau tönte. Er fragte ihn, ob er schon fertig sei. Said antwortete, er habe seine Feigen gegessen. Yvars hielt inne. Das Unbehagen, das er seit der Unterredung mit Lassalle nicht losgeworden war, verschwand plötzlich und machte einer wohltuenden Wärme Platz. Er stand auf, teilte sein Brot und sagte, als Said es nicht annehmen wollte, bis in einer Woche werde alles besser gehen. «Dann kannst du ja mich einladen.» Said lächelte. Er biß nun in ein Stück von Yvars' Brot, aber leichthin, wie ein Mensch, der keinen Hunger hat.

Esposito nahm einen alten Kochtopf und machte ein kleines Feuer aus Hobelspänen und Holz. Er wärmte den Kaffee, den er in einer Flasche mitgebracht hatte. Er sagte, sein Krämer habe ihn der Werkstatt gestiftet, als er vernahm, daß der Streik gescheitert war. Ein Senfglas ging von Hand zu Hand. Esposito schenkte jedem einzelnen das bereits gezuckerte Getränk ein. Said hatte mehr Freude an diesem Schluck Kaffee als zuvor am Essen. Esposito trank den Rest schmatzend und fluchend geradewegs aus dem heißen Kochtopf. In diesem Augenblick trat Ballester ein und verkündete das Ende der Mittagspause.

Während sie sich erhoben und Papier und Geschirr in ihre Brotsäcke packten, stellte Ballester sich mitten unter sie und sagte plötzlich, es sei für alle ein harter Schlag, auch für ihn, aber das sei kein Grund, sich wie Kinder zu benehmen, und Schmollen führe zu nichts. Esposito hielt den Kochtopf noch in der Hand, während er sich ihm zukehrte; sein derbes, langes Gesicht war jäh rot geworden. Yvars wußte, was er sagen würde und was sie alle in diesem Augenblick dachten, nämlich daß sie nicht schmollten, daß man ihnen den Mund verschlossen hatte, wer nicht will, der hat gehabt, und daß der Zorn und die Ohnmacht zuweilen so weh tun, daß man nicht einmal schreien kann. Sie waren Männer, mehr war nicht dabei, und sie würden nicht anfangen, Lächeln aufzusetzen und zu scharwenzeln. Aber Esposito sagte nichts von alledem, sein Gesicht entspannte sich endlich, und freundlich klopfte er Ballester auf die Schulter, während die anderen an ihre Arbeit zurückkehrten. Von neuem erdröhnten die Hämmer, der große Schuppen füllte sich mit dem vertrauten Lärm, dem Geruch der Hobelspäne und der alten, schweißfeuchten Kleider. Die große

Säge fraß sich knirschend durch das frische Holz der Daube, die Esposito langsam vor sich her schob. An der Stelle, wo sie hineinbiß, sprudelten feuchte Sägespäne empor und bedeckten die groben, behaarten Hände, die sich zu beiden Seiten der heulenden Klinge fest um das Holz schlossen, mit einer Art Paniermehl. Wenn eine Daube durchgesägt war, hörte man nur mehr das Summen des Motors.

Yvars spürte jetzt die Müdigkeit seines über den Hobel gebeugten Rückens. Gewöhnlich machte sie sich erst zu späterer Stunde bemerkbar. Offensichtlich war er in diesen Wochen der Untätigkeit aus der Übung gekommen. Aber er dachte auch an das Alter, das einen die Arbeit der Hände saurer ankommen läßt, wenn es sich nicht um bloße Präzisionsarbeit handelt. Der Schmerz im Rücken war der Vorbote des Alters. Dort, wo die Muskeln mit im Spiel sind, wird die Arbeit schließlich zum Fluch, sie geht dem Tod voraus, und nach einem besonders anstrengenden Tag gleicht der Schlaf bereits dem Tod. Der Junge wollte Lehrer werden, recht hatte er, all die Leute, die da Lobreden hielten auf die Handarbeit, wußten nicht, wovon sie sprachen.

Als Yvars sich aufrichtete, um Atem zu schöpfen und auch um die unguten Gedanken zu verjagen, ertönte von neuem die Klingel. Sie schrillte eindringlich, aber auf so merkwürdige Weise, mit kurzen Pausen, nach denen sie ungeduldig neu einsetzte, daß die Arbeiter innehielten. Ballester hörte erstaunt hin, dann entschloß er sich und ging langsam zur Tür. Er war bereits seit ein paar Sekunden verschwunden, als das Läuten endlich aufhörte. Sie machten sich wieder an die Arbeit. Von neuem wurde die Tür aufgestoßen, und Ballester rannte zur Garderobe. Als er wieder herauskam, trug er Schlappen an den Füßen, und während er noch in seine Jacke schlüpfte, sagte er im Vorbeilaufen zu Yvars: «Die Kleine hat einen Anfall gehabt. Ich hole Germain.» Damit lief er zum Tor hinaus. Doktor Germain war der Arzt, der die Werkstatt betreute; er wohnte in der Vorstadt. Yvars gab die Neuigkeit kommentarlos weiter. Sie standen um ihn herum und schauten sich ratlos an. Man hörte nur noch den leerlaufenden Motor der Kreissäge. «Vielleicht ist's nicht so schlimm», sagte einer. Sie gingen an ihre Plätze zurück, der Schuppen füllte sich wieder mit den verschiedenen Geräuschen, aber sie arbeiteten langsam, als warteten sie auf etwas.

Nach einer Viertelstunde kam Ballester zurück, legte seine Jacke ab und ging wortlos zur hinteren Tür wieder hinaus. Das Licht jenseits der Glaswände verlor an Kraft. In den kurzen Pausen, da die Säge nicht kreischte, hörte man ein bißchen später das dumpfe Klingeln eines Krankenwagens, zuerst ferne, dann näher, ganz nahe, und dann war es verstummt. Nach einer Weile kam Ballester zurück, und alle umringten ihn. Esposito hatte den Motor abgestellt. Ballester berichtete, die Kleine habe sich in ihrem Zimmer ausgekleidet und sei auf einmal wie vom Blitz getroffen zu Boden gestürzt. «So was!» sagte Marcou. Ballester nickte und wies mit unentschlossener Gebärde auf die Werkstatt; in seinem Gesicht stand Erschütterung. Von neuem war das Bimmeln des Krankenwagens zu hören. Da standen sie alle in der stillen Werkstatt, im gelben Licht, das durch die Scheiben flutete, und ihre verarbeiteten Hände hingen unnütz an den alten, sägemehlbestäubten Hosen herab.

Der Rest des Nachmittags wollte kein Ende nehmen. Yvars fühlte nur noch seine Müdigkeit und sein immer noch bedrücktes Herz. Er hätte sprechen wollen. Aber er hatte nichts zu sagen, und die anderen auch nicht. Auf ihren schweigsamen Gesichtern waren bloß Kummer und eine Art Eigensinn zu lesen. Manchmal bildete sich in ihm das Wort Unglück, aber nur flüchtig, und es verschwand allsogleich wieder, wie eine Blase, die schon im Entstehen zerplatzt. Es drängte ihn, heimzukehren, Fernande wiederzufinden, den Jungen, und auch die Terrasse. Und nun verkündete Ballester endlich den Arbeitsschluß. Die Maschinen standen still. Ohne sich zu beeilen, begannen sie die Feuer zu löschen und an ihren Plätzen aufzuräumen, dann gingen sie einer nach dem anderen in die Garderobe. Said war der letzte, er mußte die Werkstatt kehren und den staubigen Boden besprengen. Als Yvars in die Garderobe kam, stand der riesige, dicht behaarte Esposito bereits unter der Dusche. Er kehrte ihnen den Rücken zu und seifte sich geräuschvoll ein. Sonst neckte man ihn immer wegen seiner Schamhaftigkeit; dieser mächtige Bär verbarg nämlich seine edlen Teile beharrlich vor allen Blicken. Aber heute schien niemand es zu beachten. Esposito kam rückwärts heraus und schlang ein Handtuch als Lendenschurz um seinen Leib. Dann duschte sich einer nach dem anderen, und Marcou klatschte eben kräftig auf seine nackten Hüften, als man das Tor langsam auf seinem Eisenrad rollen hörte. Lassalle trat ein.

Er war gleich angezogen wie bei seinem ersten Besuch, aber seine Haare waren ein bißchen in Unordnung geraten. Er stand auf der Schwelle still, betrachtete die weite, verödete Werkstatt, machte ein paar Schritte, hielt wieder inne und blickte zur Garderobe hinüber. Esposito, immer noch mit seinem Lendenschurz angetan, drehte sich ihm zu. Nackt und verlegen trat er von einem Fuß auf den anderen. Yvars dachte, es sei an Marcou, etwas zu sagen. Aber Marcou stand unsichtbar hinter dem Wasserfall, der ihn umsprühte. Esposito griff nach seinem Hemd und war dabei, es sich eilig überzuziehen, als Lassalle mit etwas tonloser Stimme «Gute Nacht» sagte und auf die Hintertür zuging. Als es Yvars in den Sinn kam, man müßte ihn herbeirufen, fiel die Türe bereits wieder ins Schloß.

Da zog Yvars sich an, ohne sich zu waschen, wünschte seinerseits gute Nacht, aber voll Herzlichkeit, und sie erwiderten seinen Gruß mit der gleichen Wärme. Er ging schnell hinaus, nahm sein Rad und fand, als er es bestieg, auch seine Müdigkeit wieder. Nun fuhr er im sich neigenden Nachmittag durch das Gedränge der Stadt. Er beeilte sich, er wollte heim, in das alte Haus und auf die Terrasse. Er würde sich in der Waschküche waschen, bevor er sich hinsetzte und auf das Meer hinausschaute, das ihn jetzt schon, dunkler als am Morgen, jenseits der Kehren des Boulevards begleitete. Aber auch das kleine Mädchen begleitete ihn, und er konnte seine Gedanken nicht von ihm lösen.

Als er heimkam, war der Junge aus der Schule zurück und las in illustrierten Zeitschriften. Fernande fragte Yvars, ob alles gut gegangen sei. Er sagte nichts, wusch sich in der Waschküche und setzte sich dann auf die Bank am Terrassenmäuerchen. Gestopfte Wäsche hing über ihm, der Himmel wurde durchsichtig; jenseits der Mauer konnte man das weiche, abendliche Meer sehen. Fernande brachte den Anis, zwei Gläser, den Krug mit frischem Wasser. Sie setzte sich neben ihren Mann. Er erzählte ihr alles, während er ihre Hand hielt wie in der ersten Zeit ihrer Ehe. Als er fertig war, verharrte er unbeweglich, dem Meere zugekehrt, über das bereits von einem Zipfel des Horizonts zum anderen die Dämmerung huschte. «Ach, er ist selber schuld!» sagte er. Er hätte jung sein mögen mit einer noch jungen Fernande, und sie wären fortgezogen, übers Meer.

Der Gast

Der Lehrer schaute zu, wie die beiden Männer zu ihm emporstiegen. Der eine war beritten, der andere zu Fuß. Sie waren noch nicht bei dem Steilhang angelangt, der zu seiner an den Hügel gebauten Schule führte. Inmitten der Steine stapften sie mühsam durch den Schnee über die unermeßliche Weite der öden Hochebene. Das Pferd strauchelte von Zeit zu Zeit. Man hörte es noch nicht, aber man sah die Dampfwolke, die dann jedesmal aus seinen Nüstern drang. Einer der Männer zumindest kannte die Gegend. Sie folgten der Piste, die doch schon seit Tagen unter einer schmutzigweißen Decke begraben lag. Der Lehrer rechnete sich aus, daß sie nicht vor einer halben Stunde oben ankommen würden. Es war kalt; er kehrte in die Schule zurück, um einen Sweater anzuziehen.

Er durchquerte das leere, eiskalte Klassenzimmer. Auf der Wandtafel flossen die vier mit verschiedenfarbigen Kreiden gezeichneten Ströme Frankreichs seit drei Tagen ihrer Mündung entgegen. Nach acht Monaten der Trockenheit hatte der Schneefall jäh um die Oktobermitte eingesetzt, ohne daß der Regen einen Übergang gebracht hätte, und die etwa zwanzig Schüler, die in den über die Hochebene verstreuten Dörfern wohnten, kamen nicht mehr. Man mußte besseres Wetter abwarten. Daru heizte nur noch den einen, an das Klassenzimmer anstoßenden Raum, der ebenfalls die Hochebene gegen Osten überblickte und seine Wohnung bildete. Ein Fenster ging außerdem wie die des Klassenzimmers nach Süden. Auf dieser Seite befand sich die Schule ein paar Kilometer von der Stelle entfernt, wo das Hochplateau gegen Süden abzufallen begann. Bei klarem Wetter konnte man die wuchtigen violetten Ausläufer des Gebirges sehen, in dem sich das Tor der Wüste öffnete.

Nachdem Daru sich ein bißchen gewärmt hatte, trat er wieder ans Fenster, von dem aus er die beiden Männer zuerst erblickt hatte. Man sah sie nicht mehr. Sie befanden sich jetzt also am Steilhang. Der Himmel war weniger dunkel, in der Nacht hatte es aufgehört zu schneien. Der Tag war mit einem schmutzigen Licht angebrochen, das kaum an Stärke zunahm, als die Wolkendecke höher stieg. Um zwei Uhr nachmittags hätte man meinen können, der Tag beginne eben erst zu dämmern. Aber das war immer noch besser als diese drei Tage, da inmitten der unaufhörlichen Finsternis dichter Schnee gefallen war, während hier und da ein Windstoß an der Doppeltür des Klassenzimmers rüttelte. Daru verbrachte lange Stunden geduldig in seinem Zimmer, das er nur verließ, um im Schuppen nach den Hühnern zu sehen und aus dem Kohlenvorrat zu schöpfen. Zum Glück hatte der kleine Lieferwagen von Tadjid, dem nächsten, nördlich gelegenen Dorf, ihn zwei Tage vor dem Sturm mit Lebensmitteln versehen. In achtundvierzig Stunden würde er wiederkommen.

Er hatte übrigens genug Vorräte, um eine ganze Belagerung auszuhalten: die Säcke voll Korn, die das kleine Zimmer beengten, waren ihm von den Behörden als Notvorrat überlassen worden, damit er den Schülern, deren Familien von der Dürre getroffen worden waren, etwas verteilen konnte. In Tat und Wahrheit hatte das Unglück alle getroffen, da sie ja alle arm waren. Jeden Tag erhielten die Kleinen eine Ration. Daru wußte genau, daß sie ihnen während dieser Zeit des schlechten Wetters gemangelt hatte. Vielleicht würde einer der Väter oder der großen Brüder an diesem Abend heraufkommen, und dann konnte er sie mit Korn versorgen. Es galt, die Zeit bis zur neuen Ernte zu überbrücken, weiter nichts. Jetzt waren Getreideschiffe aus Frankreich unterwegs, das Schlimmste war überstanden. Aber es würde schwer halten, dieses Elend zu vergessen, dieses Heer zerlumpter, in der Sonne umherirrender Schatten, die Monat um Monat versengten Hochplateaus, die allmählich in sich zusammengeschrumpfte, buchstäblich geröstete Erde, auf der jeder Stein unter den Füßen zu Staub zerbarst. Da starben die Schafe zu Tausenden, und auch ein paar Menschen hier und dort, ohne daß man dies immer erfuhr.

Er, der in seiner abgelegenen Schule ein beinahe mönchisches Dasein führte, zufrieden übrigens mit dem Wenigen, das er besaß, und mit der Rauheit seines Lebens, fühlte sich angesichts dieses Elends geradezu als Herr, wenn er an seine vier verputzten Wände, sein schmales Ruhebett, seine Bücherregale aus rohem Holz, seine Zisterne und seine wöchentliche Versorgung mit Nahrung und Wasser dachte. Und da plötzlich dieser Schnee, ohne Warnung, ohne die entspannende Wohltat des Regens. So war das Land, es machte das Leben grausam und schwer, selbst abgesehen von den Menschen, die wahrhaftig nichts vereinfachten. Aber Daru war hier geboren. Überall sonst fühlte er sich als Fremdling.

Er trat aus dem Haus und schritt über den ebenen Vorplatz vor der Schule. Die beiden Männer befanden sich jetzt auf halber Höhe des Abhangs. Der Reiter war Balducci, der alte Gendarm, den er schon seit langem kannte. An einem Strick führte er einen Araber, der mit gefesselten Händen und gesenkter Stirn hinterdrein trottete. Der Gendarm machte eine grüßende Gebärde, die Daru unbeantwortet ließ, so sehr war er damit beschäftigt, den Araber zu betrachten; er trug eine ehemals blaue Djellabah und Sandalen an den mit Socken aus grober, ungefärbter Wolle bekleideten Füßen; ein schmaler, kurzer Chèche bedeckte seinen Kopf. Sie kamen näher. Balducci ritt ständig im Schritt, um den Araber nicht zu verletzen, und so ging es nur langsam vorwärts.

Als sie sich auf Rufweite genähert hatten, schrie Balducci: «Eine Stunde für die drei Kilometer von El Ameur hierher!» Daru, klein und vierschrötig in seinem dicken Sweater, gab keine Antwort, sondern schaute zu, wie sie emporstiegen. Kein einziges Mal hatte der Araber den Kopf erhoben. «Willkommen», sagte Daru, als sie auf den Vorplatz gelangten. «Kommt herein und wärmt euch.» Balducci stieg schwerfällig aus dem Sattel, ohne den Strick loszulassen. Unter seinem gesträubten Schnurrbart lächelte er dem Lehrer zu. Seine kleinen, dunklen, tiefliegenden Augen unter der sonnenverbrannten Stirn und sein von Fältchen umgebener Mund verliehen ihm ein aufmerksames, beflissenes Aussehen. Daru faßte das Tier beim Zügel und brachte es in den Schuppen, dann kehrte er zu den beiden Männern zurück, die nun in der Schule auf ihn warteten. Er führte sie in seine Stube. «Ich will im Klassenzimmer heizen», sagte er, «wir haben es bequemer dort.» Als er zurückkehrte, saß Balducci auf dem Diwan. Er hatte den Strick gelöst, der ihn an den Araber band, und dieser kauerte nun neben dem Ofen. Seine Hände waren nach wie vor gefesselt, er hatte seine Kopfbedeckung nach hinten geschoben und schaute zum Fenster hinüber. Daru sah zunächst nur seine riesigen, vollen und glatten Lippen, die beinahe an einen Neger gemahnten; die Nase indessen war gerade, seine dunklen Augen schimmerten fiebrig. Der Chèche gab jetzt eine eigensinnige Stirn frei, und das ganze Gesicht mit der gegerbten, von der Kälte nun ein wenig entfärbten Haut trug einen zugleich ängstlichen und aufrührerischen Ausdruck, der Daru betroffen machte, als der Araber ihm den Kopf zukehrte und ihm voll in die Augen blickte.

«Kommt ins Klassenzimmer», sagte der Lehrer, «ich mache euch Minzentee.»

«Danke», sagte Balducci. «So eine Schinderei! Wenn ich nur schon pensioniert wäre!» Und an seinen Gefangenen gerichtet, fügte er auf arabisch hinzu: «Komm.» Der Araber erhob sich und begab sich langsam, seine gefesselten Handgelenke vor der Brust zusammenschließend, ins Schulzimmer.

Gleichzeitig mit dem Tee brachte Daru einen Stuhl. Aber Balducci thronte bereits auf dem vordersten Schülerpult, und der

Araber hockte zusammengekauert am Lehrerpodium, dem Ofen gegenüber, der zwischen Schreibtisch und Fenster stand. Als Daru dem Gefangenen sein Glas Tee reichen wollte, zögerte er beim Anblick seiner gebundenen Hände. «Vielleicht könnte man ihm das abnehmen?»

«Gewiß», sagte Balducci. «Es war nur für unterwegs.» Er machte Anstalten, sich zu erheben. Aber schon hatte Daru das Glas auf den Boden gestellt und war neben dem Araber niedergekniet. Der schaute ihm wortlos aus seinen fiebernden Augen zu. Als seine Hände frei waren, rieb er seine geschwollenen Handgelenke aneinander, dann nahm er sein Glas und sog die kochend heiße Flüssigkeit hastig in sich ein.

«Schön», sagte Daru. «Und wohin soll die Reise denn gehen?»

Balducci hob seinen Schnurrbart aus dem Tee. «Hierher, mein Sohn.»

«Ihr seid mir sonderbare Schüler! Wollt ihr hier übernachten?»

«Nein. Ich kehre gleich nach El Ameur zurück. Und du wirst unseren Kumpan in Tinguit abliefern. Er wird in der frankoarabischen Gemeinde erwartet.»

Balducci schaute Daru mit einem leisen, freundschaftlichen Lächeln an.

«Was faselst du da?» sagte der Lehrer. «Du willst mich wohl auf den Arm nehmen!»

«Nein, mein Sohn. So lauten die Befehle.»

«Die Befehle? Ich bin doch kein ...» Daru zögerte, er wollte den alten Korsen nicht kränken. «Ich meine, es ist nicht mein Beruf.»

«Na und? Was will das schon heißen? Im Krieg übt man jeden Beruf aus.»

«Dann will ich die Kriegserklärung abwarten!»

Balducci nickte beifällig. «Gut. Aber die Befehle sind da, und sie gehen auch dich an. Es rumort, wie es scheint. Man munkelt von einer nahe bevorstehenden Erhebung. Wir sind in gewissem Sinn auf Kriegsfuß gestellt.»

Daru bewahrte seinen verstockten Ausdruck.

«Hör zu, mein Sohn», sagte Balducci. «Ich mag dich gut, aber so begreif doch! Wir sind in El Ameur kaum ein Dutzend Leute, um ein Land zu überwachen, das so groß ist wie ein kleines Departement, und ich muß zurück. Ich habe den Auftrag, dir diesen Burschen zu übergeben und unverzüglich zurückzukehren. Wir konnten ihn nicht behalten. Sein Dorf geriet in Aufruhr, sie wollten ihn heimholen. Du mußt ihn im Verlauf des morgigen Tages nach Tinguit bringen. Du willst mir doch nicht angeben, daß zwanzig Kilometer einem strammen Kerl wie dir Angst machen. Nachher bist du die Sache los. Du kehrst zu deinen Schülern und zu deinem sorglosen Leben zurück.»

Jenseits der Mauer hörte man das Pferd prusten und scharren. Daru schaute zum Fenster hinaus. Das Wetter wurde ganz entschieden besser, das Licht breitete sich weiter über die verschneite Hochebene aus. Sobald der Schnee völlig geschmolzen war, würde die Sonne wiederum herrschen und abermals die Felder von Stein versengen. Tagelang würde der unwandelbare Himmel von neuem sein trockenes Licht über die einsame Weite ausgießen, wo nichts an den Menschen gemahnte.

«Nun», fragte er und wandte sich wieder Balducci zu, «was hat er denn verbrochen?» Und ehe der Gendarm den Mund auftun konnte, erkundigte er sich noch: «Spricht er Französisch?»

«Nein, kein Wort. Es wurde seit einem Monat nach ihm gefahndet, aber sie hielten ihn versteckt. Er hat seinen Vetter umgebracht.»

«Ist er gegen uns?»

«Ich glaube nicht. Aber das weiß man ja nie.»

«Warum hat er getötet?»

«Familienhändel, glaube ich. Der eine soll dem anderen Korn schuldig geblieben sein. Eine unklare Sache. Kurz und gut, er hat den Vetter mit der Hippe umgebracht, weißt du, wie ein Schaf, zack!...»

Balducci mimte den Schnitt einer Klinge an seiner Kehle und erregte damit die Aufmerksamkeit des Arabers, der ihn mit einer gewissen Besorgnis anblickte. Jäher Zorn überflutete Daru gegen diesen Mann, gegen alle Menschen und ihre dreckige Bosheit, ihren unermüdlichen Haß, ihren Blutwahn.

Aber der Wasserkessel summte auf dem Ofen. Daru schenkte Balducci nochmals Tee ein, zögerte und füllte dann auch das Glas des Arabers wieder, der ein zweites Mal gierig trank. Seine erhobenen Arme ließen jetzt die Djellabah aufspringen, und der Lehrer konnte seine magere sehnige Brust sehen.

«Danke, mein Junge», sagte Balducci. «Und jetzt will ich machen, daß ich fortkomme.»

Er stand auf und näherte sich dem Araber, während er ein dünnes Seil aus der Tasche zog.

«Was machst du?» fragte Daru schroff.

Betroffen zeigte Balducci ihm den Strick.

«Nicht nötig.»

Der alte Gendarm zauderte. «Wie du willst. Du bist doch bewaffnet?»

«Ich habe mein Jagdgewehr.»

«Wo?»

«Im großen Koffer.»

«Neben deinem Bett solltest du es haben.»

«Warum? Ich habe nichts zu fürchten.»

«Du bist nicht ganz bei Trost, mein Sohn. Wenn sie sich erheben, ist keiner sicher, wir sitzen alle im gleichen Boot.»

«Ich werde mich zur Wehr setzen. Ich habe alle Zeit, sie herankommen zu sehen.»

Balducci setzte zu einem Lachen an, dann senkte sich der Schnurrbart plötzlich wieder über die noch weißen Zähne.

«Du hast alle Zeit? Schön. Das sagte ich ja eben. Du warst schon immer ein bißchen angeschlagen. Gerade deshalb mag ich dich gut, mein Sohn war genau wie du.»

Während er sprach, zog er seinen Revolver hervor und legte ihn auf den Schreibtisch.

«Du kannst ihn behalten, ich brauche keine zwei Waffen von hier nach El Ameur.»

Der Revolver schimmerte auf dem Schwarz der Tischplatte. Als der Gendarm sich umdrehte, roch der Lehrer den von ihm ausgehenden Leder- und Pferdegeruch.

«Hör, Balducci», sagte Daru, «die ganze Geschichte widert mich an, angefangen bei deinem Kunden da. Aber ich werde ihn nicht ausliefern. Mich schlagen will ich, gewiß, wenn es sein muß. Aber das nicht.»

Der alte Gendarm stand aufrecht vor ihm und schaute ihn vorwurfsvoll an.

«Du begehst eine Dummheit», sagte er langsam. «Auch ich mag das nicht. Einem Menschen einen Strick anlegen — man gewöhnt sich nicht daran, trotz der Jahre nicht, und man schämt sich sogar, ja wahrhaftig. Aber man kann sie nicht einfach gewähren lassen.»

«Ich werde ihn nicht ausliefern», sagte Daru wieder.

«Es ist Befehl, mein Sohn. Ich wiederhole es dir noch einmal.»

«Ganz recht. Wiederhole ihnen, was ich dir gesagt habe: ich werde ihn nicht ausliefern.»

Balducci machte eine sichtliche Anstrengung, um nachzudenken. Er schaute den Araber an und dann Daru. Endlich faßte er seinen Entschluß.

«Nein. Ich werde keine Meldung erstatten. Wenn du dich von uns lossagen willst, tu, was du nicht lassen kannst, ich werde dich nicht anzeigen. Ich habe Befehl, den Gefangenen abzugeben, und das tue ich. Jetzt mußt du mir nur noch den Zettel unterschreiben.»

«Überflüssig. Ich werde nicht abstreiten, daß du ihn mir dagelassen hast.»

«Sei doch nicht so widerborstig. Ich weiß genau, daß du die Wahrheit sagen wirst. Du bist von hier, du bist ein Mann. Aber unterschreiben mußt du, das ist Vorschrift.»

Daru öffnete seine Schublade, holte ein viereckiges Fläschchen mit violetter Tinte hervor, den Federhalter aus rotem Holz mit der Spitzfeder, die ihm zum Vorzeichnen der Buchstaben diente, und unterschrieb. Der Gendarm faltete das Blatt sorgfältig zusammen und legte es in seine Brieftasche. Dann begab er sich zur Tür.

«Ich begleite dich hinaus», sagte Daru.

«Nein», erwiderte Balducci. «Gib dir keine Mühe mit Höflichkeiten. Du hast mich beleidigt.»

Er schaute den Araber an, der noch unbeweglich an der gleichen Stelle hockte, schniefte kummervoll und wandte sich zur Tür. «Lebe wohl, mein Sohn», sagte er. Die Tür fiel hinter ihm zu. Seine Gestalt tauchte vor dem Fenster auf und verschwand. Sein Schritt wurde vom Schnee gedämpft. Jenseits der Mauer begann das Pferd zu stampfen. Hühner gerieten in Aufruhr. Kurz darauf kam Balducci nochmals am Fenster vorbei, er zog das Pferd am Halfter nach sich. Ohne sich umzudrehen, ging er zum Steilhang; er verschwand, und das Pferd folgte ihm. Man hörte einen großen Stein dumpf hinunterkollern. Daru kehrte zum Gefangenen zurück, der sich nicht gerührt hatte, ihn jedoch nicht aus den Augen ließ. «Warte», sagte der Lehrer auf arabisch und schickte sich an, sein Zimmer aufzusuchen. Als er über die Schwelle treten wollte, besann er sich, ging zum Schreibtisch, nahm den Revolver und steckte ihn in die Tasche. Dann begab er sich in seine Stube, ohne sich umzuwenden.

Er blieb lange auf seinem Bett ausgestreckt liegen, schaute zu, wie der Himmel sich allmählich verschloß, und lauschte auf die Stille. Gerade diese Stille hatte ihn während der ersten Zeit bedrückt, als er nach dem Krieg hierhergekommen war. Er hatte um eine Stelle in der kleinen Stadt am Fuß des Vorgebirges eingegeben, das die Hochplateaus von der Wüste trennt. Im Norden grünes und schwarzes, im Süden rosarotes und violettes Felsgemäuer bezeichnet dort die Grenze des ewigen Sommers. Man hatte ihm einen anderen Posten zugewiesen, weiter im Norden, auf der Hochebene selber. Anfänglich waren ihn die Einsamkeit und das Schweigen in diesem undankbaren, nur von Steinen bevölkerten Land hart angekommen. Zuweilen täuschten Furchen ein bebautes Feld vor, aber man hatte sie nur aufgebrochen, um einen bestimmten, zum Bauen geeigneten Stein zutage zu fördern. Man pflügte hier nur, um Steine zu ernten. Manchmal kratzte man auch ein paar Erdkrumen zusammen, die sich in Vertiefungen angesammelt hatten, um damit die kärglichen Gärten in den Dörfern fruchtbarer zu machen. So war es nun einmal, der Kiesel bedeckte für sich allein drei Viertel des Landes. Städte entstanden hier, blühten auf und gingen unter; Menschen traten flüchtig auf, liebten sich oder fuhren sich an die Gurgel und starben. In dieser Wüste zählte keiner einen Deut, er nicht und sein Gast nicht. Und doch hätte außerhalb dieser Wüste, dessen war Daru gewiß, der eine so wenig wie der andere wirklich zu leben vermocht.

Als er sich erhob, drang kein Geräusch aus dem Klassenzimmer. Er verwunderte sich über die ungeteilte Freude, die er beim bloßen Gedanken empfand, der Araber sei vielleicht entwichen, und er werde wieder allein sein, ohne irgendeine Entscheidung treffen zu müssen. Aber der Gefangene war da. Er hatte sich bloß zwischen Ofen und Schreibtisch am Boden ausgestreckt. Mit weit offenen Augen betrachtete er die Zimmerdecke. In dieser Stellung sah man vor allem seine wulstigen Lippen, die ihm einen schmollenden Ausdruck verliehen. «Komm», sagte Daru. Der Araber erhob sich und folgte ihm. Im anderen Zimmer wies der Lehrer auf einen Stuhl neben dem Tisch am Fenster. Der Araber setzte sich, ohne die Augen von Daru abzuwenden.

«Hast du Hunger?»

«Ja», sagte der Gefangene.

Daru legte zwei Gedecke auf. Er nahm Mehl und Öl, knetete in einer Schüssel einen Fladenteig und zündete den kleinen Butangas-Backofen an. Während der Fladen buk, ging er hinaus, um im Schuppen Käse, Eier, Datteln und Kondensmilch zu holen. Als der Fladen fertig war, stellte er ihn zum Abkühlen auf den Fenstersims, machte mit Wasser verdünnte Kondensmilch warm und schlug schließlich die Eier zu einem Pfannkuchen. Im Verlauf seiner Hantierungen stieß er an den in der rechten Hosentasche steckenden Revolver. Er stellte die Schüssel auf den Tisch, ging ins Klassenzimmer hinüber und legte den Revolver in seine Schreibtischschublade. Als er wieder ins Zimmer trat, war die Dämmerung hereingebrochen. Er zündete Licht an und bediente den Araber. «Iß», sagte er. Der andere nahm ein Stück Fladen, führte es gierig zum Munde und hielt inne.

«Und du?» fragte er.

«Du zuerst. Ich esse dann auch.»

Die dicken Lippen öffneten sich ein wenig, der Araber zögerte, dann biß er entschlossen in sein Stück Fladen.

Als sie gegessen hatten, schaute der Araber den Lehrer fragend an.

«Bist du der Richter?»

«Nein. Ich behalte dich bis morgen hier.»

«Warum ißt du mit mir?»
«Ich habe Hunger.»
Der andere schwieg. Daru erhob sich und ging hinaus. Er brachte ein Feldbett aus dem Schuppen und stellte es quer zu seinem eigenen Bett zwischen Tisch und Ofen auf. Aus einem großen, aufrecht in einer Ecke stehenden Koffer, auf dem er seine Akten aufbewahrte, holte er zwei Decken und breitete sie über das Feldbett. Dann blieb er stehen, kam sich müßig vor und setzte sich auf sein Bett. Es gab nichts mehr zu tun, nichts mehr vorzubereiten. Er war gezwungen, diesen Mann anzuschauen. Also schaute er ihn an und versuchte, sich dieses Gesicht in rasendem Zorn vorzustellen. Es wollte ihm nicht gelingen. Er sah nur den zugleich düsteren und glänzenden Blick und den tierhaften Mund.

«Warum hast du ihn getötet?» fragte er in einem Ton, dessen Feindseligkeit ihn selbst überraschte.

Der Araber wandte die Augen ab. «Er ist davongelaufen. Ich habe ihm nachgesetzt.»

Er schaute Daru wieder an, und in seinen Augen stand etwas wie unglückliches Fragen.

«Was wird man jetzt mit mir machen?»
«Hast du Angst?»
Der andere saß plötzlich steif da und blickte zur Seite.
«Tut es dir leid?»
Der Araber schaute ihn mit offenem Mund an. Es war ganz klar, daß er nicht verstand. Ärger begann in Daru hochzusteigen. Gleichzeitig kam er sich mit seinem kräftigen, zwischen den beiden Betten eingezwängten Körper linkisch und unbeholfen vor.

«Leg dich dahin», sagte er ungeduldig. «Es ist dein Bett.»
Der Araber rührte sich nicht.
«Sag mal!»
Der Lehrer blickte ihn an.
«Kommt der Gendarm morgen wieder?»
«Ich weiß nicht.»
«Kommst du mit uns?»
«Ich weiß nicht. Warum?»

Der Gefangene stand auf und legte sich mit den Füßen gegen das Fenster auf die Decken. Das Licht der elektrischen Birne fiel ihm gerade in die Augen, die er sogleich schloß.

«Warum?» wiederholte Daru, breitbeinig vor dem Bett stehend.
Der Araber schlug die Augen unter dem grellen Licht auf und sah ihn an, wobei er sich bemühte, nicht zu blinzeln.

«Komm mit uns», sagte er.
Mitten in der Nacht schlief Daru immer noch nicht. Er hatte

sich zu Bett gelegt, nachdem er sich völlig ausgekleidet hatte: er pflegte nackt zu schlafen. Aber als er aller Kleider entblößt im Zimmer stand, zögerte er. Er fühlte sich verwundbar und war versucht, sich wieder anzuziehen. Dann zuckte er die Achseln; er hatte sich schon in mancher mißlichen Lage befunden, notfalls würde er seinen Gegner zu Boden schlagen. Von seinem Bett aus konnte er ihn beobachten; er lag nach wie vor unbeweglich auf dem Rücken und hielt die Augen vor dem harten Licht geschlossen. Als Daru es löschte, schienen die nächtlichen Schatten wie auf einen Schlag zu Eis zu erstarren. Allmählich gewann die Nacht wieder Leben, und der sternlose Himmel hinter den Scheiben begann sich sanft zu regen. Bald vermochte der Lehrer die vor ihm liegende Gestalt zu erkennen. Der Araber rührte sich noch immer nicht, aber seine Augen schienen jetzt offenzustehen. Ein leiser Wind strich um die Schule. Vielleicht würde er die Wolken verjagen, und die Sonne kehrte zurück.

Im Verlauf der Nacht nahm der Wind an Stärke zu. Die Hühner gackerten ein wenig und verstummten dann. Der Araber drehte sich auf die Seite, so daß er Daru den Rücken zukehrte, und der Lehrer vermeinte ihn stöhnen zu hören. Dann lauschte er auf seine Atemzüge, die kräftiger und regelmäßiger geworden waren. Er horchte auf diesen so nahen Atem und sann vor sich hin, ohne einschlafen zu können. In diesem Zimmer, wo er seit einem Jahr allein schlief, empfand er die Gegenwart des anderen als störend. Sie störte ihn auch, weil sie ihm eine Art Brüderlichkeit aufzwang, die er unter den gegebenen Umständen ablehnte und deren Wesen ihm wohlbekannt war: Männer, Soldaten oder Gefangene, die ein und denselben Raum teilen, gehen eine seltsame Bindung ein, als fänden sie sich jeden Abend, sobald sie mit den Kleidern ihre Rüstung abgelegt haben, über ihre Eigenheiten hinweg in der zeitlosen Gemeinschaft der Müdigkeit und des Traums zusammen. Aber Daru verwies sich diese Gedanken, solche Dummheiten waren ihm zuwider, er mußte schlafen.

Als der Araber sich jedoch ein wenig später unmerklich regte, schlief der Lehrer noch immer nicht. Bei der zweiten Bewegung des Gefangenen straffte sein Körper sich in Alarmbereitschaft. Der Araber richtete sich langsam, beinahe schlafwandlerisch auf den Ellbogen auf. Dann saß er auf dem Bettrand und wartete unbeweglich, ohne den Kopf nach Daru umzuwenden, als lausche er mit gespanntester Aufmerksamkeit. Daru rührte sich nicht; ihm war eben eingefallen, daß er den Revolver in der Schreibtischschublade gelassen hatte. Es war klüger, unverzüglich zu handeln. Indessen fuhr er fort, den Gefangenen zu beobachten, der mit derselben Geschmeidigkeit seine Füße auf den Boden setzte, wiederum wartete und dann anfing, leise aufzustehen. Daru wollte ihn gerade anrufen, als der Araber sich in ganz natürlichen, aber unglaublich lautlosem Schritt zu entfernen begann. Er begab sich zur hinteren Tür, die in den Schuppen führte. Behutsam schob er den Riegel zurück, ging hinaus und zog die Türe hinter sich zu, ohne sie zu schließen. Daru hatte sich nicht bewegt. ‹Er reißt aus›, dachte er bloß. ‹Fort mit Schaden!› Dennoch horchte er angestrengt. Die Hühner blieben still, der andere war also auf dem freien Platz draußen. Dann vernahm er ein leises Geplätscher, dessen Bedeutung ihm erst klar wurde, als der Araber wieder unter der Tür auftauchte, sie sorgfältig schloß und sich geräuschlos hinlegte. Da kehrte Daru ihm den Rücken zu und schlief ein. Noch später vermeinte er in der Tiefe seines Schlafs schleichende Schritte um das Schulhaus zu hören. ‹Ich träume, ich träume!› redete er sich ein. Und er schlief.

Als er erwachte, war der Himmel wolkenlos; durch die Ritzen des Fensters drang kalte, reine Luft. Der Araber schlief; er lag jetzt zusammengerollt unter den Decken, mit offenem Mund, in rückhaltloser Preisgabe. Aber als Daru ihn wachrüttelte, fuhr er in tiefstem Schrecken auf und schaute ihn, ohne ihn zu erkennen, aus verstörten Augen und mit einem so angstvollen Ausdruck an, daß der Lehrer einen Schritt zurückwich. «Hab keine Angst. Ich bin's. Komm und iß.» Der Araber schüttelte den Kopf und sagte ja. Sein Gesicht war wieder ruhig, aber sein Ausdruck blieb abwesend und zerstreut.

Der Kaffee war fertig. Sie saßen nebeneinander auf dem Feldbett, tranken und bissen in ihre Fladen. Dann führte Daru den Araber in den Schuppen und zeigte ihm den Wasserhahn, unter dem er sich zu waschen pflegte. Er kehrte ins Zimmer zurück, faltete die Decken, klappte das Feldbett zusammen, machte sein eigenes Bett und räumte auf. Dann ging er durch das Schulzimmer auf den Vorplatz hinaus. Schon stieg die Sonne am blauen Himmel empor; ein weiches, helles Licht überflutete das öde Hochplateau. Am Steilhang begann der Schnee stellenweise zu schmelzen. Bald würden die Steine wieder zum Vorschein kommen. Der Lehrer kauerte am Rand der Hochebene und betrachtete die wüste Weite. Er dachte an Balducci. Er hatte ihm wehgetan, er hatte ihn gewissermaßen fortgeschickt, als wollte er nicht mit ihm im gleichen Boot sitzen. Das Lebewohl des Gendarmen klang ihm noch im Ohr, und ohne zu wissen warum, fühlte er sich merkwürdig leer und hilflos. In diesem Augenblick vernahm man das Husten des Gefangenen auf der anderen Seite der Schule. Daru hörte beinahe wider Willen hin, dann warf er wütend einen Stein, der durch die Luft pfiff, ehe er sich im Schnee vergrub. Das sinnlose Verbrechen dieses Mannes empörte ihn, aber ihn auszuliefern ging gegen die Ehre: der bloße Gedanke daran war eine Demütigung, die ihn rasend machte. Und er verfluchte zugleich die Seinen, die ihm diesen Mann geschickt hatten, und den Araber, der es gewagt hatte, zu töten, der es aber nicht verstanden hatte, zu fliehen. Daru erhob sich, ging unentschlossen auf dem freien Platz hin und her, verharrte unbeweglich und betrat dann die Schule.

Der Araber stand über den Zementboden des Schuppens gebeugt und putzte sich mit zwei Fingern die Zähne. Daru betrachtete ihn. «Komm», sagte er dann. Von dem Gefangenen gefolgt, betrat er sein Zimmer. Er zog eine Jagdjoppe über seinen Sweater und schlüpfte in seine Marschschuhe. Er wartete stehend, bis der Araber seinen Chèche wieder aufgesetzt und die Sandalen angezogen hatte. Sie gingen ins Schulzimmer hinüber, und der Lehrer wies auf die Tür. «Geh», sagte er. Der andere rührte sich nicht. «Ich komme», sagte Daru. Der Araber ging hinaus. Daru kehrte in sein Zimmer zurück, holte Zwieback, Datteln und Zucker und packte alles ein. Ehe er das Klassenzimmer verließ, stand er eine Sekunde zögernd vor seinem Schreibtisch, dann trat er über die Schwelle und schloß die Schule hinter sich ab. «Hier durch», sagte er. Er schlug die Richtung nach Osten ein, und der Gefangene folgte ihm. Aber als sie ein kleines Stückchen von der Schule entfernt waren, glaubte Daru, ein leises Geräusch in seinem Rücken zu hören. Er kehrte um und machte einen Rundgang um das Haus: es war niemand da. Der Araber sah ihm zu, offensichtlich ohne zu begreifen. «Gehen wir», sagte Daru.

Sie marschierten eine Stunde und machten dann neben einer Felsnadel aus Kalkstein halt. Der Schnee schmolz immer rascher, die Sonne sog die Lachen allsogleich auf und säuberte mit unglaublicher Geschwindigkeit die ganze Hochebene, die nach und nach trocknete und wie die Luft zu vibrieren begann. Als sie sich wieder auf den Weg machten, hallte der Boden unter ihren Schritten. Von Zeit zu Zeit schwang sich ein Vogel mit lebensfrohem Schrei vor ihnen durch den Raum. Tiefatmend sog Daru das frische Licht in sich ein. Eine gewisse Berauschtheit stieg in ihm auf angesichts der gewaltigen, vertrauten Weite, die jetzt unter ihrer Haube blauen Himmels beinahe überall gelb gefärbt war. Sie marschierten wieder eine Stunde in südlicher Richtung und gelangten auf eine abgeflachte Anhöhe aus bröckeligem Fels. Von hier an senkte sich das Hochplateau gegen Osten in eine Tiefebene, in der man ein paar dürftige Bäume erkennen konnte, und südwärts einem Gewirr von Felsen entgegen, das der Landschaft ein zerrissenes Aussehen verlieh.

Daru blickte forschend in beide Richtungen. Man sah nur Himmel bis zum Horizont, kein menschliches Wesen zeigte sich. Er kehrte sich dem Araber zu, der ihn verständnislos anschaute. Daru streckte ihm ein Päckchen hin. «Nimm», sagte er. «Es sind Datteln, Brot und Zucker drin. Damit kannst du zwei Tage durchhalten. Und da hast du tausend Francs.» Der Araber nahm das Päckchen und das Geld, aber er hielt seine vollen Hände auf Brusthöhe, als wisse er nicht, was er mit diesen Gaben anfangen solle. «Jetzt paß auf», sagte der Lehrer und zeigte nach Osten, «das ist der Weg nach Tinguit. Du hast zwei Stunden zu gehen. In Tinguit befinden sich Behörden und die Polizei. Sie erwarten dich.» Der Araber blickte nach Osten, er hielt Lebensmittel und Geld noch immer an sich gedrückt. Daru faßte ihn am Arm und zwang ihn unsanft zu einer Viertelsdrehung nach Süden. Am Fuß der Anhöhe, auf der sie standen, konnte man einen kaum erkennbaren Weg ahnen. «Das ist die Piste, die über die Hochebene führt. In einem Tagesmarsch kommst du zu den Weiden und den ersten Nomaden. Sie werden dich aufnehmen und beschützen, wie ihr Gesetz es verlangt.» Der Araber hatte sich jetzt Daru zugewandt, und so etwas wie panische Angst erfüllte sein Gesicht. «Hör zu», sagte er. Daru schüttelte den Kopf. «Nein, schweig. Ich gehe jetzt.» Er kehrte ihm den Rücken und machte zwei große Schritte in Richtung auf die Schule, schaute den unbeweglich dastehenden Araber noch einmal mit unentschlossener Miene an und ging dann weiter. Ein paar Minuten lang hörte er nur seine eigenen Schritte, die hart auf der kalten Erde aufklangen, und wandte den Kopf nicht um. Nach einem Weilchen blickte er indessen zurück. Der Araber stand immer noch am Rand des Hügels, mit hängenden Armen jetzt, und schaute dem Lehrer nach. Daru spürte, wie seine Kehle sich zusammenschnürte. Aber er fluchte vor Ungeduld, winkte noch einmal und schritt weiter. Er war schon ein gutes Stück entfernt, als er wieder stehenblieb und zurückblickte. Der Hügel war leer.

Daru zauderte. Die Sonne stand jetzt ziemlich hoch und begann, seine Stirn zu zerstechen. Der Lehrer kehrte um, erst unschlüssig, dann voll Entschiedenheit. Als er die kleine Anhöhe erreichte, war er in Schweiß gebadet. Er hastete hinauf und blieb atemlos oben stehen. Die Felsenfelder im Süden zeichneten sich deutlich am blauen Himmel ab, aber über der Ebene im Osten erhoben sich bereits die Dunstschleier der Hitze. Und in diesem leichten Dunst entdeckte Daru mit beklommenem Herzen den Araber, der langsam dahinschritt auf dem Weg zum Gefängnis.

Ein wenig sp[...] stand der Lehrer am Fenster seines Klassenzimmers und s[...] blicklos in das junge Licht hinaus, das sich stürmisch von d[...] öhe des Himmels über die ganze Weite des Hochplateaus ergo[...]. Hinter ihm auf der Wandtafel breiteten sich zwischen den Windungen der Ströme Frankreichs die von ungelenker Hand mit Kreide geschriebenen Worte, die er eben gelesen hatte: ‹Du hast unseren Bruder ausgeliefert. Das wirst du büßen.› Daru sah den Himmel, die Hochebene und was sich unsichtbar dahinter bis zum Meer erstreckte. In diesem weiten Land, das er so sehr geliebt hatte, war er allein.

INHALT

Nobelpreisrede / 5
Der Künstler und seine Zeit / 11
Licht und Schatten / 29
Briefe an einen deutschen Freund / 73
Der Abtrünnige / 95
Die Stummen / 111
Der Gast / 125

ALBERT CAMUS
NOBELPREISTRÄGER

FRAGEN DER ZEIT
Sonderausgabe. 224 Seiten. Geb.

GESAMMELTE ERZÄHLUNGEN
Inhalt: Der Fall / Das Exil und das Reich
256 Seiten. Geb.

TAGEBUCH I
Mai 1935–Februar 1942
208 Seiten. Geb.

DER GLÜCKLICHE TOD
Roman. (Cahiers Albert Camus I)
Nachwort und Anmerkungen von Jean Sarocchi
192 Seiten. Geb.

DRAMEN
Caligula. Das Mißverständnis.
Der Belagerungszustand. Die Gerechten. Die Besessenen
«Bücher der Neunzehn» Band 89. 352 Seiten. Geb.

Als Taschenbuch-Ausgaben erschienen:

DIE PEST
Roman. «rowohlts rotations romane» Band 15

DER FREMDE
Erzählung. «rowohlts rotations romane» Band 432

KLEINE PROSA
«rowohlts rotations romane» Band 441

DER FALL
Roman. «rowohlts rotations romane» Band 1044

VERTEIDIGUNG DER FREIHEIT
Politische Essays. «rowohlts rotations romane» Band 1096

DER MENSCH IN DER REVOLTE
Essays. Neu bearbeitete Ausgabe. «rowohlts rotations romane» Band 1216

TAGEBÜCHER 1935–1951
«rowohlts rotations romane» Band 1474

DER MYTHOS VON SISYPHOS
Ein Versuch über das Absurde. «rowohlts deutsche enzyklopädie» Bd. 90

Gesamtauflage der Werke Albert Camus'
in den Taschenbuch-Ausgaben: 1,4 Millionen Exemplare

Ferner erschien:

Morvan Lebesque, ALBERT CAMUS
Dargestellt in Selbstzeugnissen und 70 Bilddokumenten
«rowohlts monographien» Band 50

ROWOHLT

ALBERT CAMUS

IN

SELBSTZEUGNISSEN

UND

70 BILDDOKUMENTEN

DARGESTELLT

VON

MORVAN LEBESQUE

Mit Zeittafel, Bibliographie und Namenregister
«rowohlts monographien» Band 50

«Eine vorbildliche Biographie, eine umfassende Darstellung von Persönlichkeit und Werk.» *Basler Nachrichten*

«Der Verfasser analysiert, ausgehend von Camus' algerischer Heimat und dem Kindheitsmilieu, Persönlichkeit und Werk des Dichters. Es gelingt ihm, seiner Deutung dadurch den Stempel der Authentizität zu geben, daß er sich, wo immer es geht, der Äußerung des Dichters bedient. Hier spricht Albert Camus durch seinen Freund Lebesque.» *Radiotelevisione Italiana, Bozen*

21/6